PETRA RESKI

Der Italiener an meiner Seite

Petra Reski

Der Italiener an meiner Seite

Droemer

Die Folie des Schutzumschlags sowie die Einschweißfolie
sind PE-Folien und biologisch abbaubar.
Dieses Buch wurde auf chlor- und säurefreiem Papier gedruckt.

Besuchen Sie uns im Internet:
www.droemer.de

Umschlaggestaltung: ZERO Werbeagentur, München
Umschlagabbildung: getty, illustration works
Satz: Ventura Publisher im Verlag
Druck und Bindung: Ebner & Spiegel, Ulm
Printed in Germany
ISBN-13: 978-3-426-27385-2
ISBN-10: 3-426-27385-3

2 4 5 3

Prolog

Vor siebzehn Jahren ist mir in Venedig ein Italiener zugelaufen. Ich war beruflich in der Stadt und entschlossen, Venedig für überschätzt zu halten. Seitdem haben wir uns nicht mehr getrennt. Der Italiener und ich und Venedig.

Wenn ich Italien länger als eine Woche verlasse, bekomme ich Heimweh. Die reine Abhängigkeit. Ich habe mit dem Rauchen aufgehört, von einem Tag auf den anderen, ein einzigartiger Triumph der Willenskraft, aber gegen Italien bin ich machtlos. Als ich einmal mit dem Zug nach Venedig zurückfuhr und am Grenzübergang das Schild *Italia* sah, fragte ich mich, was ich tun würde, wenn man mich nicht mehr hineinließe. So etwas gibt es ja. Falls die Italiener auf die Idee kämen, mich abzuschieben, wüsste ich nicht, wohin ich gehen sollte. Wenn ich damals vor siebzehn Jahren geahnt hätte, wohin das führt. Da läuft dir ein Italiener zu, und bevor man sich versieht, ist man ihm verfallen.

Und jetzt hat der Italiener keinen Empfang. Der Teilnehmer habe sein Telefon entweder ausgeschaltet oder sei nicht erreichbar, verkündet eine metallische Stimme. Ich stehe auf dem kleinen Platz vor der Kirche von San Moisè, wiege mein Telefon in der Hand wie ein Stück Seife und blicke auf den Engel über dem Portal rechts, der etwas rührend Verdrossenes hat, so wie ein Kind bei einem Sonntagsausflug. Ich frage mich, ob ich ihn jemals zuvor bemerkt habe. Bis heute gibt es Momente, in denen mich Venedigs Schönheit ganz unverhofft erwischt. Wenn sich in einer Schirokko-Nacht die Lichter der Prokuratien in den Hochwasserpfützen auf dem Markusplatz spiegeln. Wenn ich nachts an der Anlegestelle von San Marco stehe und die Punta della Dogana im Mondwasser schwimmt. Wenn ich vor Sonnenaufgang durch die Lagune fahre und sich langsam der Tag in die Nachtschwärze schiebt. Und jetzt der Engel.

Warum hat der Italiener keinen Empfang? Während ich weiter Richtung Markusplatz laufe, tippe ich eine SMS: Warte auf dich im Florian. Eigentlich telefonieren wir ständig miteinander. Egal ob wir ganze Kontinente oder nur zwei Gassen voneinander entfernt sind. Egal, ob wir uns erst vor einer Stunde noch gesehen haben oder vor einer Woche. Das Mitteilungsbedürfnis des Italieners ist existenziell, meines ist das einer Konvertitin. Ich erinnere mich noch an einen Sommerabend, als wir über den Markusplatz zum Abendessen liefen. Der Italiener an meiner Seite hatte seit kurzem ein *telefonino*, ich nicht.

Sein *telefonino* war so groß, wie es heute nur noch ein

Video-Satellitentelefon ist, mit dem man auch in den Bergen Afghanistans an einer Konferenzschaltung teilnehmen kann. Ich hingegen lehnte das *telefonino* aus ideologischen und ästhetischen Gründen ab und stellte fest: Eine Frau mit Stil lässt sich entweder durch ihren Sekretär verleugnen oder hat einen Anrufbeantworter und denkt nicht im Traum daran, jeden Anruf selbst und noch dazu in jeder Lebenslage entgegenzunehmen.

Kaum hatten wir den Markusplatz betreten, klingelte sein Telefon. Es klingelte siebenmal allein auf dem Weg vom Markusplatz bis zur Seufzerbrücke, man hätte glauben können, er sei ein Feuerwehrhauptmann, der immer und überall erreichbar sein muss, tatsächlich aber rief ihn erst der Anwalt an, dann der Zahnarzt, schließlich der Hausverwalter, der Italiener an meiner Seite sprach laut in das große schwarze Kästchen, nein, der Treppenlift muss weg! Dottor Bassi hat das bereits angekündigt!, und ich dozierte über den Erreichbarkeitswahn, dem ich auf keinen Fall erliegen wolle, aber er hörte mich nicht. Als wir die Ponte della Paglia überquerten, rief ein Anstreicher an, der schon seit einer halben Stunde vergeblich versucht hatte, ihn zu erreichen, vor den Bleikammern rief ein Freund an, der neuerdings auch ein *telefonino* hatte, auf der Höhe der Pietà-Kirche meldete sich der Hausverwalter noch ein zweites Mal, nein, Signora Maiorana sei unter keinen Umständen bereit, den Treppenlift wieder zu entfernen, und ich überlegte mir, wie viele Koffer ich für meine Besitztümer benötigen würde, wenn ich Venedig und ihn für immer verließe. Es kam nur deshalb nicht dazu, weil mir meine Mutter ein *telefonino* schenkte. Als ich es kurz danach in einem Taxi verlor, weinte ich. Und heute könnte ich ohne *telefonino* nicht mehr leben. Und ohne den Italiener auch nicht. Aber das würde ich ihm gegenüber nie zugeben.

1.

Es war bereits Nacht, als ich ankam, damals, vor siebzehn Jahren. Ein Wassertaxifahrer nahm mir erst meinen Koffer und später eine Summe ab, die höher war als die meines Flugtickets. Ich war nicht zu meinem Vergnügen unterwegs, sondern rein dienstlich, wegen des Filmfests, was ich mir immer wieder sagte, denn ich wollte nicht zu denjenigen gehören, die es wegen der Romantik und des Nebels nach Venedig zog. Schließlich ist nichts nahe liegender, als Venedig schön zu finden, eine Stadt, die mitten im Wasser steht. Da gehört wirklich nicht viel dazu.

Ich kam aus Palermo, wo mich der Bürgermeister damit beeindruckt hatte, mir während der Ratssitzung durch einen Ratsdiener auf einem silbernen Tablett ein Billett reichen zu lassen. Ein Billet, auf dem auf Deutsch stand: Der verlorenste Tag in deinem Leben ist der, an dem du nicht gelacht hast. Das war schwer zu übertreffen, in Venedig. Jedenfalls nicht mit einem Interview mit Lina Wertmüller. Und mit dem Auftrag, sie zu fragen, warum ihre Hauptfiguren immer Kommunisten oder Feministinnen sind.

Ich glitt durch die Finsternis und sah Paläste aus dem Wasser aufsteigen. Paläste mit weißen Spitzbögen und bemoosten, schuppigen Fundamenten. Ich sah ein Gebirgsmassiv aus Stein, von dem ich vermutete, dass es die Rialtobrücke sei, ein Höhenzug aus Marmor, an dessen Stufen das Wasser leckte. Ich sah Gondeln vorbeifahren, so erhaben und selbstverständlich wie Kardinäle, die sich im Messgewand den Weg durch eine Menschenmenge bahnen. Die Ruder der Gondoliere tauchten in das Wasser ein, das zähflüssig aussah wie Pech. Nichts als die winzigen Lichter der Gondeln leuchteten im Dunkel, und dann kam ich im Hotel Luna an, und mein Zimmer war klein wie eine Schiffskajüte.

Gleich nach meiner Ankunft ging ich in das gegenüberliegende Restaurant essen, ich musste nur die Gasse überqueren und trat in einen glitzernden Saal voller Tellergeklapper, Gesprächsfetzen und Gläserklang. Von den Jahrhunderten ermattete Spiegel hingen an den Wänden, der Marmorboden hatte ein schwarz-weißes Schachbrettmuster, und in der Mitte des Saales wölbte sich eine Kuppel, unter der ein Kronleuchter aus Muranoglas hing, funkelnd wie mit Goldstaub bedeckt. Kaum hatte ich den Saal betreten, führte mich ein birnenförmiger, sehr beflissener Kellner an den einzigen freien Platz. Ich weiß noch, dass ich Spaghetti mit Venusmuscheln bestellte und einen allein sitzenden Herrn im dunklen Jackett bemerkte, der in einem Kunstband blätterte, während er auf das Essen wartete.

Als ich am nächsten Morgen in meiner Schiffskajüte aufwachte, wunderte ich mich darüber, dass die Aussicht aus meinem Fenster immer noch die gleiche war. Ich fragte mich, wo der Lido lag und was sich dahinter überhaupt verbarg: Eine Insel? Ein Strand? Ein Stadtteil? Normalerweise bewegte ich mich in fremden Städten mit Taxis fort, ohne mir Fragen stellen zu müssen. Auf dem Nachttisch lag ein Stadtplan, der aussah wie ein Schnittmusterbogen. Ich sah Nähte, die über das Wasser verliefen, Säume und Webkanten und Quernähte, die Inseln und Plätze verbanden, nur den Lido fand ich nicht. Die Sache mit dem Wertmüller-Interview gestaltete sich komplizierter, als ich angenommen hatte. Es sah so aus, als bliebe mir nichts anderes übrig, als meinen Auftrag mit einem öffentlichen Transportmittel zu erfüllen. Ich schämte mich etwas, als ich den Portier nach dem Weg zum Lido und zum Vaporetto fragen musste, vermutlich wusste die ganze Welt, wo der Lido lag, nur ich nicht. Der Portier sagte: Einfach nur geradeaus!

Ich ging erst in die falsche Richtung, fragte dann aber einen Gondoliere, der mir die Richtung zur Vaporettostation wies. Bis ich nach Venedig kam, hatte ich mir nie Gedanken darüber gemacht, wie der Transport in dieser Stadt aussehen könnte. Stadt auf dem Wasser, gut und schön, aber eigentlich hatte ich damit gerechnet, dass es schon ein paar Straßen und damit Autos geben würde, schließlich könnte es sich keine Stadt auf der Welt leisten, den Verkehr auf eine so umständliche Weise wie auf dem Wasserwege zu regeln. Ich hatte geglaubt, dass man die Innenstadt zu touristischen Zwecken im Wasser stehen gelassen hätte, den Rest der Stadt aber befahrbar gemacht haben würde. Dass man in Venedig tatsächlich konsequent auf Autos verzichtet hatte, überraschte mich.

Während ich in dem schwimmenden Wartehäuschen auf das Vaporetto wartete, redete ich mir ein, dass es auch nichts anderes als eine Metrostation sei, und versuchte, mir nicht ansehen zu lassen, dass ich zum ersten Mal in meinem Leben in Venedig war und noch nie eine Vaporettostation betreten hatte. Ich blickte vorwurfsvoll wie die Venezianerinnen auf die Uhr – schon wieder ist das Vaporetto drei Minuten zu spät! – und gab mir Mühe, ernst und beschäftigt zu schauen, als gäbe es nichts Wichtigeres als diese Drei-Minuten-Verspätung, als sei auch ich all der Widrigkeiten des venezianischen Alltags überdrüssig.

Als ich schließlich zum Lido fuhr und den Geruch der Luft einsog, fühlte ich mich verwegen. Die Welt roch nach Meer. Nach Meer und Algen und Diesel und toten Seesternen – und schon die Tatsache, dass ich allein und nur mit Hilfe eines Schnittmusterbogens die Vaporettostation sowie die richtige Verbindungslinie gefunden hatte, berauschte mich.

Das Morgenlicht in der Lagune war milchig und etwas melancholisch, es kündigte das Ende des Sommers an. Venedig schimmerte rosa, der Dogenpalast war ein Rosenquarz auf einem Meer aus Opal, das Ufer ein Geschmeide, und ich bemühte mich, mir meine Berauschtheit nicht anmerken zu lassen und ungerührt und ohne zu schwanken auf dem Vaporetto zu stehen, unmerklich mit den Beinen den Wellengang ausgleichend, so wie die Venezianerinnen, die auch keine Haltegriffe brauchten, um das Gleichgewicht zu halten. Neben mir stand eine Gruppe von italienischen Filmjournalisten, die sich über die mangelnde Organisation des Filmfestivals beschwerten, immer werde noch bis zur letzten Minute gesägt und geschraubt und getagt, sie beklagten die Schlangen vor den Kinosälen und die unmöglichen Vorführungszeiten, *solo in Italia!*, riefen sie, jedes Jahr sei es das Gleiche, jedes Jahr sei es so, als breche das Festival wie ein Gewitter über Venedig herein, und ich versuchte so zu tun, als führe auch ich zum zehnten Mal zu diesem Filmfest, als ermüdete mich die italienische Desorganisation genau wie sie, weshalb ich ein Gähnen unterdrücken müsse – selbst bei dem Anblick einer Stadt, die wie eine abgerissene Blüte im Wasser trieb.

An der Anlegestelle des Lidos standen echte Taxis, was mich beruhigte. Die Straßen waren Straßen und keine Gassen. Ich fuhr zum Festivalgebäude und tauchte in ein Meer von reizbaren Filmjournalisten und aufgelösten PR-Agenten ein. Ich ließ mich in Listen eintragen und füllte Formulare aus, zog Faxe hervor, die ich geschickt hatte, Gegenfaxe mit Bestätigungen, die mit anderen Bestätigungsfaxen verglichen und dann abgeheftet wurden, ich zeigte meinen Journalistenausweis vor, musste mich setzen und dann wieder hinstellen, hörte endlosen Telefonaten zu, wurde vertröstet, und schließlich hieß es, Lina Wertmüller habe schon sehr viele Interviewtermine, vielleicht später, ich solle es am Nachmittag noch mal probieren, anrufen oder noch mal vorbeikommen, vielleicht.

Und dann begegnete ich ausgerechnet dem einzigen

deutschen Filmjournalisten, den ich kannte und den ich nicht leiden konnte, und der so tat, als würde er mich nicht kennen. Schon von weitem hatte ich ihn an seinen dünnen Beinen erkannt, er trug einen Trenchcoat, den der Wind aufblähte, als er an mir vorbeieilte. Auch ich tat so, als würde ich ihn nicht kennen, aufgeblähte dünne Männer kenne ich grundsätzlich nicht. Das war der Moment, in dem ich beschloss, auf Lina Wertmüller, auf ihre Kommunisten und ihre Feministinnen, ja, auf das ganze Filmfest zu verzichten und einfach wieder nach Venedig zurückzufahren.

Als ich an der Anlegestelle San Marco das Vaporetto verließ, fühlte ich mich erleichtert. Ich hatte fast noch den ganzen Tag vor mir, eine unvermutete Freiheit, die in mir zunächst etwas Ratlosigkeit auslöste. Schließlich beschloss ich, mich mit einem Mittagessen zu belohnen. Ich ging langsam durch die Gassen, denn ich befürchtete bei jedem Schritt, in dem venezianischen Labyrinth verloren zu gehen. Diese Stadt war ein schwankendes, überfülltes Floß, voller Touristen, die sich ebenso unsicher wie ich durch die Gassen tasteten, Gassen, die nie verliefen, wie man es vermutete, sondern die Haken schlugen, hohnlachend im Nichts endeten und alle Himmelsrichtungen auf den Kopf stellten. Ich dachte an meine Tante Gertrud, die vor zwanzig Jahren auf der Rückfahrt von Jugoslawien in Venedig Station gemacht hatte und seitdem davon sprach, dass es in Venedig schlecht rieche. Eigentlich war es eine Stadt für Tante Gertruds und keine Stadt für mich. Eine Stadt, die man auf der Durchreise einen Nachmittag lang besucht, eine Karnevalsmaske kauft und sie wieder verlässt. Eine Stadt, in der es kein Norden gab und kein Süden, sondern nur den Markusplatz und die Rialtobrücke und die Accademia und gelbe Schilder, die in die eine Richtung wiesen, und darunter hingen weiße Schilder, die ihnen widersprachen. Alles um mich herum schwankte, die Besucher und das Marmorpflaster, der Himmel und die Schaufenster, alles drehte sich, und schon stand ich in einem Maskengeschäft und kaufte zwei Karnevalsmasken, eine mit Federn und Pailletten beklebte für mich und eine weiße Pestmaske für meine Freundin Anna, und ich glaube, dass sie darüber etwas erstaunt war, weil sie mir eine solche Schwäche nicht zugetraut hätte.

Noch heute befindet sich das Geschäft an der gleichen Stelle, unweit des Postamtes, kurz vor dem Markusplatz, die blonde Besitzerin steht heute wie damals rauchend auf der Straße, wie eine Kuppelmutter, die auf Kundschaft wartet. Damals ahnte ich nicht, dass ich mich so nah am Markusplatz befand, ein Schritt hätte genügt, und ich hätte ihn entdeckt, hinter den Säulen des Napoleonischen Flügels, doch ich irrte weiter auf der Suche nach einem geeigneten Lokal, wobei ich mich ermahnte, mich zu konzentrieren, mir alles einzuprägen, jeden Haken, jeden Winkel, jede Biegung, um später den Weg zum Hotel wiederzufinden: Bei dem Schaufenster mit den Muranoglaskronleuchtern rechts, am blaugelben Fußbodenmosaik geradeaus, das barocke Kirchenportal mit den Dromedaren halbrechts liegen lassen, die Brücke links überqueren. Nach einer schier endlosen Odyssee durch halb Venedig fand ich schließlich eine Pizzeria, die mir vertrauenswürdig erschien. Erschöpft aß ich eine Pizza Margherita und fühlte mich wie Indiana Jones nach der Durchquerung des Tals des Todes. Heute weiß ich, dass die Pizzeria nur hundert Meter vom Hotel Luna entfernt ist.

Nach dem Mittagessen wollte ich versuchen, den Markusplatz zu finden. Schließlich konnte ich die Stadt nicht verlassen, ohne ihn gesehen zu haben. Obwohl ich eigentlich lieber sitzen geblieben wäre und den Passanten zugeschaut hätte. Schon die alleinige Vorstellung, wieder auf die Suche zu gehen, mich von neuem durch dieses Labyrinth zu winden, das aller Lebenserfahrung und allen Himmelsrichtungen widersprach, ermüdete mich. Aber mein Pflichtgefühl sagte mir: Es ist die vornehmste Aufgabe eines Venedigbesuchers, den Markusplatz zu besuchen. Also zog ich den Stadtplan hervor und versuchte mir den Weg zu merken, es sah ziemlich einfach aus, ich müsste zuerst dieser breiten Gasse folgen, geradeaus über die Brücke, mich dann halblinks halten, der Gasse nach, ihren Windungen müsste ich nachgehen, die Abzweigungen nach rechts und links allerdings ignorieren, auch die Tatsache, dass die tückische Gasse an einer Stelle so tat, als ende sie, denn sie endete keineswegs, davon würde ich mich nicht verwirren lassen, schließlich würde die hinterhältige Gasse in einer etwas breiteren, aufrichtigeren Gasse enden, und mit etwas Glück verbarg sich dahinter der Markusplatz. Ich stand auf und steckte den Stadtplan ein. Um ganz sicher zu sein, fragte ich auch noch den Kellner nach dem Weg. Er sagte: Immer geradeaus.

Ich bemühte mich, zügig zu gehen wie die Venezianer.

Und geschäftig wie eine Dienstreisende. Auch wenn ich meinen Dienst vorübergehend eingestellt hatte, war ich letztlich im höheren Auftrag unterwegs. Ich besuchte den Markusplatz nicht zum Vergnügen wie Millionen andere Besucher, ich besuchte ihn aus reinem Pflichtgefühl heraus. Ich besuchte ihn nur, um mir später keine Vorwürfe machen zu müssen. Als Dienstreisende blieb ich auch nicht wie die Touristen auf der Brücke stehen, um die darunter passierende Gondelpartie mit dem *Funiculi-Funicula*-singenden Sänger zu beklatschen, sondern lauschte nur heimlich und warf einen verstohlenen Blick auf den Kanal, ich fotografierte nicht, ich kaufte mir kein Eis, obwohl ich gerne eines gegessen hätte, ich eilte über die Brücke und betrat ein Marmorpapiergeschäft. Wobei ich den Gedanken verwarf, dass der Kauf von Marmorpapier vermutlich auch eher Touristen vorbehalten sein könnte. Ich betrat das Marmorpapiergeschäft als Dienstreisende und kaufte mir ein in Marmorpapier eingeschlagenes Adressbuch. Dann ging ich weiter auf die Suche nach dem Markusplatz. Es konnte doch nicht so schwer sein. Einfach nur geradeaus. Wichtig war nur eines: immer im Auge zu behalten, woher man kommt. Was nicht leicht war, weil der Blick immer von unzähligen anderen orientierungslosen Menschen verstellt war.

Ich fragte mich, ob es häufig geschah, dass Menschen in Venedig abhanden kamen. Männer auf der Suche nach einem Tabakladen, Frauen beim Shopping, Kinder beim Eiskaufen. Nie wieder etwas von ihnen gehört. Und dann stellte ich mir meine Vermisstenanzeige vor: Junge deutsche Frau, ca. 1,67 Meter groß, brünettes Haar. Trug am

Tag ihres Verschwindens eine türkisfarbene Hose und ein schwarzes T-Shirt. Sie ist Fremden gegenüber sehr zurückhaltend. Trägt kein Halsband.

Da der Weg zum Markusplatz noch unendlich weit schien, war ich froh, auf dem Weg so etwas Vertrautes wie einen Benetton-Laden zu finden. Endlich war etwas in dieser Stadt so wie in anderen Städten. Ich warf mich in den Benetton-Laden wie eine Ertrinkende. Und kaufte einen schwarzen Wollpullover. Und dachte, dass dieser Wollpullover ein ganz besonderer schwarzer Wollpullover sei, ein Wollpullover, der mich vor dem Verschwinden gerettet hatte.

Mit der Benetton-Tüte in der einen Hand und der Marmorpapiertüte in der anderen fühlte ich mich schon etwas weniger touristisch und mehr venezianisch, denn auch die Venezianer liefen alle mit Dolce-&-Gabbana-Taschen, Versace- und Prada-Tüten herum. Ich schaute einer Frau in ihre Prada-Tüte und sah darin ein paar abgelaufene Schuhe. Die Venezianer schienen ausschließlich damit beschäftigt zu sein, in luxuriösen Einkaufstüten etwas von einem Ort zum anderen zu transportieren.

Bei dem Versuch, nicht als Touristin aufzufallen, empfand ich meine brünetten Haare von Vorteil. Wäre ich blond, dachte ich, könnte mich hier jeder als Touristin und, schlimmer noch, als Deutsche identifizieren. Einer Brünetten würde so etwas nicht passieren. Eine Brünette könnte alles sein, Französin, Belgierin, Ungarin. Dienstreisende. Eine Brünette ist praktisch unsichtbar, dachte ich.

Heute weiß ich, dass diese Vorstellung eine Illusion ist. In Venedig bleibt kein Fremder unbemerkt. Touristen erkennt man hier allein an ihrer Art, sich zu bewegen – zerstreut, kindlich, staunend. Daran denke ich, als ich den Markusplatz betrete. Es ist später Nachmittag, die Sonne lässt die Goldmosaiken der Markuskirche leuchten, und auf der Piazza stehen Tausende von Menschen, die alle glauben, unsichtbar zu sein. Sie laufen über den Platz mit riesigen, orangefarbenen Filzhüten, mit Schellenhüten und Chinesenhüten und Wikingerhüten mit Filzhörnern, sie springen in die Tauben und freuen sich, wenn die Tauben erschreckt aufflattern. Vor der Markuskirche windet sich die Schlange der wartenden Besucher bis zur Riva degli Schiavoni. Aus der Ferne wirkt die Warteschlange wie ein bunter chinesischer Drachen am Neujahrsfest.

Vor mir überqueren drei Männer die Piazza mit so steifen Schritten, als seien sie Statisten eines sehr billigen Mafiafilms: Alle drei haben schwarze Schnurrbärte, die aussehen wie angeklebt, alle drei tragen fabrikneue Borsalinos und Gürteltaschen, die sie wie ein Pistolenhalfter schräg über die Brust geschnallt haben. Und vor dem Orchester des Caffè Florian steht ein junger Mann und spielt Luftgitarre, wobei seine tief sitzende Jeans immer tiefer rutscht und seine Freundin ihn so entgeistert betrachtet, als hätte sie ihn noch nie in einem so würdelosen Zustand erlebt.

Ich mag die Piazza am Nachmittag, das Licht schmeichelt, wenn die Sonne im Westen steht, es ist ein Licht, das den Dingen Kraft verleiht, es zieht Bucklige gerade und macht Blinde sehend, es verklärt. Die Flügel der zum heiligen Markus aufschauenden Engel flirren, und im Florian beginnt die Stunde des *Spritz*, jenes Aperitifs, in dem die Venezianer die einzig bemerkenswerte Hinterlassenschaft der ansonsten verhassten Österreicher sehen. Kinder werden in die Kamera gehalten, Paare umarmen sich und erinnern sich jenen Bruchteil einer Sekunde lang, in dem sich die Linse öffnet, dass sie sich irgendwann geliebt haben. Es ist mehr als ein Licht, das alle festhalten, mitnehmen, in einen Bilderrahmen stecken wollen. Es ist Glück.

Ich suche im Caffè Florian nach einem freien Platz – an einem der schmalen Marmortische unter den Arkaden, auf einer der gepolsterten Bänke zwischen Terrasse und Bogengang, um nicht allzu nah beim Orchester zu sitzen. Wenn ich einen Kaffee im Florian trinke, habe ich immer das Gefühl, als sei ich auf der Suche nach einer verlorenen Zeit, nach jenem Moment, in dem ich Venedig zum ersten Mal betrat und mich fühlte, als würde der Boden unter meinen Füßen schwanken, und vielleicht tat er das auch, denn in den ersten Jahren in Venedig wurde ich auf jedem Vaporetto seekrank.

Bevor ich Platz nehme, versuche ich zu klären, in wessen Herrschaftsgebiet die Tischreihe sich befindet, in die ich mich setzen möchte. Hoffentlich in dem von Signor Claudio, dem dienstältesten Kellner des Florian, der seit vierzig Jahren wie ein beflissener Zirkusdirektor durch die Tischreihen läuft, die Haltung der Nachwuchskellner kontrollierend und verstohlen an Tischdecken zupfend, während er die Bestellungen für heiße Schokolade aufnimmt. Signor Claudio begrüßt mich jedes Mal, als hätte er mich schon lange vermisst, und knüpft freundlich an einen imaginären Gesprächsfaden an, selbst wenn es ein Jahr her ist, dass ich zuletzt bei ihm einen Kaffee getrunken habe.

Sollte ich mich jedoch weder im Reich von Signor Claudio befinden noch in dem eines anderen Kellners meines Vertrauens – dem des Narbengesichtigen vielleicht oder des dünnen Schnurrbärtigen –, dann steht mir bevor, gedemütigt zu werden: durch den Musikzuschlag, der nur Touristen auferlegt wird. Die Befreiung vom Musikzuschlag kann man nicht erwerben, nicht fordern, man kann sie nur huldvoll entgegennehmen wie einen Ritterschlag. Es ist ein Privileg aus alten Zeiten, ein Privileg, auf das man kein Anrecht hat: Als ich zum ersten Mal im Florian meinen Espresso ohne *supplemento musica* trinken durfte – ganz allein, ohne dass sich der Italiener an meiner Seite befunden hätte –, da fühlte ich mich, als sei ich soeben in die Ehrenlegion aufgenommen worden, als gehörte ich dazu, zu den gepuderten venezianischen Gräfinnen, die damals noch im Florian saßen, zu Signor Claudio, zu den Taubenfutterverkäufern, zum Markusplatz, zu Venedig.

Und nichts ist erniedrigender, als durch einen kleinen, langzähnigen, weißhaarigen Kellner um ein hart erkämpftes Privileg gebracht zu werden. Eines Kellners, dessen Perfidie darin besteht, auch noch in dreißig Jahren so zu tun, als sähe er mich zum allerersten Mal. Der mir den Kaffee auf dem ovalen Silbertablett serviert, mit einem kalten Lächeln, das er sich morgens anlegt wie sein Kellnerjackett, ein Lächeln, mit dem er unterschiedslos

Amerikaner, Chinesen oder Pandabären bedient und mit dem er klar macht, dass es in der Welt des Florian keine Unterschiede gibt und erst recht keine Privilegien. Und wenn ich den Kassenbon hervorziehe, der aus Gründen der Diskretion unter dem Papierdeckchen versteckt ist, weiß ich, dass der Langzähnige es wieder mal geschafft hat, mich zu degradieren – *suppl. musica.* Jetzt nähert er sich mit kleinen engen Schritten, den Bestellblock in der Hand. Schon mache ich mich bereit, den Platz zu wechseln, aber da taucht Signor Claudio hinter einer Säule auf, um mir den Stuhl zurechtzurücken, und ich atme auf.

Sein Haar ist grau geworden, aber sein Blick ist immer noch der gleiche, prüfend blickt er über den Rand seiner Brille, wie ein Arzt, der eine Diagnose stellt. Er verordnet mir einen Kaffee, für den Anfang. Ohne Milch. *Per carità.* Um Gottes willen. Nur Amerikaner trinken *cappuccino* und *latte macchiato* am Nachmittag. Und dann zieht er einen *piccolo* herbei – durch einen kurzen, ganz kurzen Blick über die Brillengläser –, er reicht dem Hilfskellner die Bestellung und widmet sich wieder mir, was für eine Freude, Sie wiederzusehen. Wie immer fragt er mich, ob ich viel gereist sei in den letzten Monaten, wobei er mit mir deutsch spricht, was ihn ganz glücklich macht. Anders als ich, die ständig in Bewegung sei, bewege er sich nicht fort von diesem Platz, auf dem er arbeite, seitdem er fuffzehn sei, sagt er, und ich frage mich, wo er auf diesem Platz das »fuffzehn« gefunden haben mag. Nun müsse er aber weiter, sich um die anderen Gäste kümmern. Schon beendet er unser kurzes Gespräch mit einer großen, weltumspannenden

Geste, die auf die Piazza weist. Da ist immer etwas, das im Herzen bleibt, sagt er, wobei er klingt, als spreche er zu einer Durchreisenden. Der er die Erinnerung an die Piazza ins Gepäck stecken müsse.

Als ich mich an jenem Septembertag vor siebzehn Jahren auf den Weg zum Markusplatz machte und glaubte, unsichtbar zu sein, hatte ich auf den letzten Metern den Eindruck, in einen Feierabendverkehr geraten zu sein – so viele Menschen strömten zum Markusplatz hin und vom Markusplatz weg. Ich sah nichts als Köpfe und Leiber, und mittendrin sprach mich jemand an. Es war der beflissene, birnenförmige Kellner aus dem Restaurant, in dem ich am Vorabend gegessen hatte, der meinen Versuch, unsichtbar zu sein, zunichte machte. Er grüßte freundlich, ich grüßte freundlich, wohin des Weges, ach zum Markusplatz, tatsächlich, nein, welche Überraschung. Er wich mir nicht von der Seite und bot mir an, mich zum Markusplatz zu begleiten und einen Kaffee im Florian zu trinken. Mit einem Mal befand ich mich in einem ideologischen Zwiespalt.

Denn einerseits wollte ich den Kellner nicht kränken, ihn nicht für sein Kellnerdasein diskriminieren, sondern beweisen, wie sehr mir der Gleichheitsgedanke am Herzen lag, ich wollte großzügig sein, klassenlos – einerseits. Andererseits hätte ich den Markusplatz lieber allein betreten, um den ersten Eindruck ganz für mich allein zu haben, ungetrübt. Ich wollte nicht mit einem onkelhaften Kellner Kaffee trinken, bereits die Vorstellung, mit ihm Freundlichkeiten und Gemeinplätze auszutauschen, bedrückte mich, aber da war mir meine Menschenfreundlichkeit bereits zum Verhängnis geworden. Ich saß etwas gequält da, an einem der schmalen Marmortische im Florian unter den Arkaden, trank aus Gründen der Humanität einen Kaffee und hörte, wie mir der Kellner vorschlug, mit ihm am Abend tanzen zu gehen. Er kenne ein paar gute Adressen von venezianischen Tanzlokalen, ich solle nur wieder ins Restaurant kommen, der Rest würde sich schon finden. Ich nickte, beschloss, nie wieder in das Restaurant zu gehen, stürzte den Kaffee herunter und lief über den Markusplatz davon. Ich sah weder Porphyrsäulen noch Engelsflügel, ich sah weder den Markusdom noch die beiden Heiligen auf den Marmorsäulen, ich sah nicht Theodor, den Drachentöter, der aussieht, als führe er ein Krokodil an der Leine, und auch nicht den geflügelten Markuslöwen mit zuckendem Schwanz. Ich sah nur Tauben, gefangen in einem ewigen Kreislauf aus Körnerpicken, schreckhaftem Aufflattern und kurzen, allzu kurzen Formationsflügen, Tauben auf Touristenköpfen und auf Touristenbeinen sitzend, fressend, pickend, schnäbelnd, gurrend – und dann rettete ich mich in ein Café an der Riva degli Schiavoni, bestellte einen Prosecco und schrieb dem Bürgermeister von Palermo eine Postkarte.

Später, im Hotel Luna, telefonierte ich noch einmal mit der Pressedame von Lina Wertmüller und fühlte mich wieder sehr gewissenhaft. Wenigstens konnte mir niemand vorwerfen, mich nicht bemüht zu haben. Denn ich hatte es geschafft, meinen nach wie vor bestehenden Wunsch nach einem Interview nochmals glaubhaft zu versichern. Und Enttäuschung darüber zu äußern, dass Frau Wertmüller keine Interviews mehr gebe, weder heute Abend noch morgen, noch überhaupt. Denn sie reise früher als geplant ab, sagte die Pressedame. Dies sei bedauerlich, aber unabänderlich. Bedauerlich war daran vor allem, dass ich nun keinen weiteren Vorwand haben würde, noch länger in Venedig zu bleiben.

Am Abend gab mir der Hotelportier die Adresse eines Restaurants, in dem man ganz ausgezeichnet esse, es heiße Do Forni und liege unweit vom Markusplatz entfernt. Er würde mir gerne einen Tisch bestellen, wenn ich es wünschte, und ich wünschte es, weil ich nicht ahnte, dass venezianische Hotelportiers für jeden vermittelten Gast mit Kopfgeld belohnt werden. Er zeichnete mir auf dem Stadtplan den Weg ein, es sah aus wie eine Schatzkarte, und er sagte: Einfach immer geradeaus.

Um zum Restaurant zu gelangen, musste ich den Markusplatz erneut überqueren. Es war dunkel, und der Platz, der mir zuvor wie ein gigantischer Taubenkäfig erschienen war, hatte sich verwandelt. Es war, als beträte ich ein Wunder. Ein Wunder, in dem gerade *Die schöne blaue Donau* und *La vie en rose* gespielt wurde, beleuchtet von einem Fackelzug aus elektrischen Kandelabern. Die Tauben saßen als schwarze Federkugeln im Gesims der Arkaden und träumten, wobei sie ihre Köpfe unter den Flügeln versteckt hielten. Jetzt sah ich die Markuskirche zum ersten Mal. Es war, als stünde ich plötzlich einem Filmstar gegenüber, einem

Filmstar, der so oft fotografiert und kolportiert worden war, dass man gar nicht mehr an seine wirkliche Existenz glaubte. Als sei plötzlich Sophia Loren aus dem Nichts aufgetaucht, auf jene nachlässige Weise festlich geschmückt und geschminkt, wie sie nur Italienerinnen hinkriegen: die perfekte Unvollkommenheit.

Ich suchte den Weg durch das Gewirr der Gassen hinter dem Markusplatz, studierte meine Schatzkarte, suchte nach Biegungen, die ich nicht fand, nach Durchgängen, die keine waren, und nach namenlosen Gassen. Kellner lauerten mir hinter Obstpyramiden und auf Eis gelegten Fischen auf und versuchten mich in ihre Restaurants zu ziehen, und ich war erleichtert, als ich endlich ein Licht sah, einen beleuchteten Eingang, der aussah wie eine Abteiltür des Orient-Express.

Kaum hatte ich das Restaurant betreten, stellte mich ein Kellner an einem Katzentisch ab. Neben mir saßen englische Tischgesellschaften, amerikanische Paare, venezianische Familien in drei Generationen, denn niemand außer mir war ohne Begleitung gekommen. Ich wartete eine halbe Stunde lang, ganz so, als sei ich unsichtbar, bis mir der Oberkellner schließlich die Speisekarte reichte – mit einer Verbeugung, die keine war, sondern eine Herablassung. Eine Herablassung, die verriet, dass er nichts von mir erwartete, als säße ich da mit einem Mineralwassergesicht und einer Ich-hätte-gerne-nur-einen-kleinen-Salat-Haltung, die Trinkgeld von vornherein ausschloss.

Ich überlegte nicht lange, dann verließ ich das Restaurant. Etwas ratlos stand ich auf dem Markusplatz und dachte, dass es zu schade sei, diesen Abend, meinen letzten in Venedig, mit einem weiteren Experiment zu vergeuden. Am liebsten wäre ich in das Lokal vom Vorabend zurückgekehrt, wenn es nicht durch die Anwesenheit des birnenförmigen und mich nun erwartenden Kellners getrübt gewesen wäre. Zweifelsfrei würde dieser meine Rückkehr als Zeichen des Einverständnisses interpretieren. Einerseits. Andererseits könnte ich darauf keine Rücksicht nehmen.

Also kehrte ich zurück, zu dem schwarz-weißen Schachbrettmuster, dem golden schimmernden Kronleuchter, dem gedämpften Gläserklang und dem Kellner, der mich verständnisinnig anlächelte. Ich bestellte Scampi und bemerkte wieder den Herrn im dunklen Jackett, der auch am Abend zuvor in diesem Restaurant gegessen und in einem Kunstband geblättert hatte. Am Ende des Abendessens brachte der birnenförmige Kellner einen Digestif an meinen Tisch und sagte: Das ist eine Aufmerksamkeit des Hauses. Der Digestif war orangerot und schmeckte nach Marzipan. Kurze Zeit später kam der Kellner wieder an meinen Tisch. Er räusperte sich, trat umständlich auf der Stelle und sagte verlegen, dass er sich korrigieren müsse: Die Aufmerksamkeit sei von dem Herrn dort drüben, im dunklen Jackett. Ich blickte zu dem Herrn. Er lächelte mir zu.

Der Himmel über dem Markusplatz spiegelt sich in einem Glas Wasser. Der *piccolo* setzt das Silbertablett vor mir ab und dreht es so, dass die Tasse mit dem Espresso rechts vor mir steht, das Glas Wasser links, und Signor Claudio rückt noch schnell den Henkel der Espressotasse zurecht, so dass ich nur zugreifen muss, ohne die Tasse zu drehen – diese Korrektur ist der einzige Makel der Präsentation. Vor mir auf der Terrasse sitzt eine Japanerin mit Skizzenbuch und versucht mit hellbraunem Stift auf weichem Papier die Atmosphäre festzuhalten. Sie sitzt vor dem Orchester, tippt mit der Fußspitze den Takt des *Wiener Bluts* und hat bereits die silberne Etagere verewigt, auf der kleine Toasts serviert worden sind. Nun zeichnet sie in zarten Strichen das Orchester, das in dem Halbrund der gerafften Sonnenvorhänge wie in einer Muschelhälfte geborgen ist: den buckligen Pianisten, den Cellisten mit dem Schnauzbart, den Geiger mit der gestrafften Haltung, den lächelnden Akkordeonisten. Jetzt pausieren alle und legen ihre Instrumente zur Seite, der Geiger streicht mit einem weichen Tuch über den Bauch der Geige und bettet sein Instrument in roten Samt, der Akkordeonist stellt sein Akkordeon auf einem Hocker ab und der Pianist ordnet seine Noten. Alle streifen sich ihre schwarzen Jacketts von den Schultern und hängen sie über die Notenständer. Nun stehen die Musiker etwas deplatziert da, in ihren gestärkten weißen Hemden, deren zu lange Ärmel sie mit Ärmelhaltern hochgeschoben haben. Sie trinken Kaffee, schauen auf die Uhr und lauschen hoffnungsvoll, ob das Orchester des gegenüberliegenden Caffè Lavena wieder mal seinen Einsatz verfehlt.

Als ich mich an jenem Septemberabend vor siebzehn Jahren beim Verlassen des Restaurants bei ihm für den orangeroten Digestif bedankte, sprang der Herr im dunklen Jackett sofort auf. Er fragte mich, wohin ich ginge und ob er mich begleiten dürfte. Ich wollte Weltläufigkeit beweisen und sagte: Harry's Bar, schließlich hatte ich davon schon gehört, ein mythischer Ort, und der Italiener zuckte mit keiner Wimper, selbstverständlich, Harry's Bar, warum nicht. Dabei kannte ich nicht mal den Weg dorthin, und war froh, dass ich dem Italiener einfach folgen konnte. Wir machten ein paar Schritte die Gasse entlang, dann hielt er mir eine schmale Tür mit Milchglasscheiben auf. Es befremdete mich etwas, als ich sah, dass in der weltberühmten Harry's Bar niemand an der Bar stand, niemand Cocktails oder Whisky trank, kaum Zigarettenrauch den Saal vernebelte, sondern stattdessen alle Gäste an weiß gedeckten Kindertischchen auf Kinderstühlchen saßen und artig zu Abend aßen. Dennoch bestellte ich einen Kaffee und einen Sambuca, mit jener Selbstverständlichkeit, mit der ich in Deutschland in italienischen Restaurants einen Sambuca bestellte. Der Italiener schien darüber sehr erstaunt. Er habe noch nie jemanden gesehen, der Sambuca trinkt, sagte er. In Italien sei der Sambuca seit den fünfziger Jahren völlig in Vergessenheit geraten und habe sich offenbar lediglich im Ausland gehalten. Und dann beeilte er sich, mich zu meiner Wahl zu beglückwünschen, ganz so, als hätte ich damit den Fortbestand der italienischen Kultur garantiert.

Der Italiener schaute interessiert zu, wie ich an dem Likör

nippte und selbst die darin schwimmenden Kaffeebohnen nicht verschmähte, und trank ein Glas Wasser. Er hatte dunkle, aber keineswegs schwarze Haare und dunkle Augen. Er sah durchaus italienisch aus. Ich fand nur, dass er für einen Italiener sehr blass war. Geradezu bleich. Und das in einem Land, in dem die Sonne immer scheint.

Er behauptete, mich in Venedig bereits an verschiedenen Orten gesehen zu haben. Ich hätte eine Pizza in der Via XXII Marzo gegessen, mir in dem Maskenladen unweit des Markusplatzes zwei Masken gekauft und an der Riva degli Schiavoni ein Glas Prosecco getrunken und Postkarten geschrieben. Er habe mich eigentlich schon an der Riva degli Schiavoni ansprechen wollen und darauf gewartet, dass ich von meinen Postkarten aufblickte, aber ich sei so vertieft gewesen, dass er sich nicht getraut hätte, mich zu stören. Ich glaubte ihm nicht. Wenn er log, dann log er auf höfliche, zuvorkommende Art, dachte ich. Das gefiel mir.

Auf meine Frage, ob er Venezianer sei, sagte er, er sei in Venedig geboren und wohne in San Marco. Ich fand, es klang wie ein Satz aus einem Theaterstück. Kein Mensch konnte ernsthaft von sich behaupten, Venezianer zu sein und in San Marco zu wohnen. In einem Irrgarten wohnt man nicht. Man tut nur so, wegen der Touristen. Speziell wegen der Touristinnen, die sich schon nach drei Metern verlaufen.

Er hatte die Ärmel seines Jacketts hochgeschoben, und ich bemerkte, dass er so breite Handgelenke hatte, wie sie eigentlich nur Boxer haben. Ich mochte seine Handgelenke. Ich mochte auch die Art, wie er angezogen war. Er trug kein T-Shirt, sondern ein Hemd, keine Jeans, sondern eine Stoffhose, er trug ein Jackett und englische Herrenschuhe. Er war angezogen wie ein Mann. Und nicht wie ein Wesen, von dem zu befürchten war, dass es in unbeobachteten Augenblicken Luftgitarre spielen würde.

Schließlich schlug er vor, in eine echte Bar zu gehen, das war seine zuvorkommende Art, mich darauf aufmerksam zu machen, dass Harry's Bar ungeachtet seines Namens ein Restaurant war und mein Wunsch, den Abend nach dem Essen in einem Restaurant in einem weiteren Restaurant fortzusetzen, eigentümlich sei. Er schlug die Martini-Bar vor, die nicht weit entfernt sei, entschuldigend fügte er hinzu, dass es nur wenige Bars in Venedig gebe, ein Nachtleben existiere hier schlechterdings nicht. Ich folgte ihm durch die Dunkelheit, und es gefiel mir, mich für furchtlos zu halten.

Mir fiel sein Gang auf, es war der Gang eines Mannes, dem seine Schritte noch gehören, der weder Autos noch U-Bahnen untertan ist. Der nichts als seine Beine braucht, um von einem Ort zum anderen zu gelangen. In den Gassen hörte ich den Hall unserer Absätze auf den Marmorplatten und wusste nicht mehr, wo ich mich befand. Schließlich blieb er vor einer Bar stehen, deren Eingang versteckt zwischen zwei Restaurants lag, wie bei einer amerikanischen Flüsterkneipe, in die man nur nach eingehender Gesichtskontrolle hineingelangt.

Drinnen sah es aus wie in einer Warschauer Hotelbar zur Zeit des Kommunismus, mit Kunstledersesseln und vielen Chromsäulen, mit Lavalampen und einer Discokugel über der kleinen Tanzfläche. Die Bar war so gut wie leer – bis auf einen Pianisten, der an einem elektrischen Klavier Frank-Sinatra-Songs spielte, und ein Paar, das mit großen, mechanischen Bewegungen über die Tanzfläche zog. Wir sprachen Italienisch und etwas Französisch und tranken Champagner. Und ich roch sein Parfüm. Es roch nach Pfeffer und nach Weihrauch, und ich weiß noch, wie mir der Italiener die Haare aus dem Gesicht strich. Es war eine kleine, beiläufige Geste. So wie bei einem Kind.

Schließlich begleitete er mich wieder zurück zum Hotel Luna. Vorbei an dem Fußbodenmosaik, das ich mir gemerkt hatte, vorbei an der Kirche, über deren Portal die beiden Dromedare saßen, von denen ich jetzt nur die Umrisse erahnen konnte. Wir standen dann noch kurz im Lichtschein vor der Tür des Hotels Luna. Ich reichte dem Italiener meine Hand. Und gab ihm meine Visitenkarte. Auf die Rückseite schrieb ich meine private Telefonnummer. Am nächsten Morgen reiste ich ab.

Das Orchester des Florian pausiert immer noch. Die Musiker sitzen an dem kleinen Marmortisch neben der Bühne und rühren gelangweilt in ihren kleinen Espressotassen. Der *piccolo* räumt den Tisch neben mir ab, er trägt wie alle Hilfskellner des Florian eine weiße Uniformjacke mit goldbetressten Schulterklappen, eine Jacke, wie sie Stewards auf einem Ozeandampfer tragen. Auf seinem Ärmel hat sich eine graue Taubenfeder niedergelassen, eine Flaumfeder, die er vorsichtig und mit einer gewissen Abscheu vom Ärmel klaubt. Das sieht der in der Tür stehende Geschäftsführer. Er ist der einzige Bedienstete des Caffè Florian, der keine Uniform trägt, sondern einen anthrazitfarbenen Anzug. Das hebt ihn aus der Hierarchie heraus. Er verständigt sich mit kleinen Gesten, mit einem leichten Anheben des Kinns, einem kaum hörbaren Zungenschnalzen und nun mit einem Wink, der in einer fast unsichtbaren Krümmung seines kleinen Fingers besteht. Damit bedeutet er einem im Hintergrund stehenden Kollegen, dass es Zeit sei, sich um die herumfliegenden Taubenfedern zu kümmern. Daraufhin betritt ein weiterer Uniformierter die Terrasse des Florian, offenbar handelt es sich dabei um einen Bediensteten von niederstem Rang, denn er trägt keine goldbetressten Schulterklappen, sondern die schwarz-blau gestreifte Jacke eines Hausdieners. Er geht mit Besen und Kehrblech durch die Reihen der Kaffeehausstühle und kehrt die am Boden liegenden Taubenfedern und leere Futtertütchen zusammen, eine Arbeit, die er sehr würdevoll verrichtet, ohne dabei das Gesicht zu verziehen und ohne eine Taubenfeder zu übersehen. Als der Hausdiener seine Arbeit beendet hat, schnalzt der Geschäftsführer kurz und befriedigt mit der Zunge und blickt zu den Musikern, die immer noch in den leeren Espressotassen rühren. Einige von ihnen tragen Ärmelhalter, die merkwürdig anachronistisch wirken. Ohne ihre Jacketts, in ihren weißen Hemden, unter denen man weiße Unterhemden durchschimmern sieht, sehen die Musiker aus, als hätte man sie ihrer Aura beraubt. Wie Krebse ohne Schale.

Der Geschäftsführer zuckt kurz mit den Nasenflügeln in ihre Richtung. Langsam und nachlässig, ganz so, als setze ihr Pflichtgefühl mit etwas Verzögerung ein, gerät wieder Bewegung in die Musiker.

Als ich Venedig in jenem September verließ, um nach Deutschland zurückzufliegen, war mir, als befände ich mich auf einer Zeitreise. Als reiste ich aus der Vergangenheit wieder zurück in die Gegenwart. Alles, was in Venedig geschehen war, schien mir unwirklich, zu einem anderen Jahrhundert gehörig. Die Warschauer Hotelbar, der blasse Italiener, das Laufen durch die Nacht, das Geräusch der eigenen Schritte.

Ich musste mich beeilen, an jenem Morgen der Abreise, denn in Venedig war alles kompliziert, die alltäglichsten Dinge waren anders, altmodisch und zeitaufwändig. Ich konnte nicht einfach aus dem Hotel auf die Straße treten und ein Taxi besteigen. Venedig zwang mich dazu, mich seinem Rhythmus zu unterwerfen. Ich musste einen Träger rufen lassen, in der Hotelhalle zermürbend lange auf ihn warten, bis er schließlich kam, mein Gepäck wortlos auf einen eisernen Karren warf und mir auf dem Weg zum Bootsanleger voraneilte.

Das Licht war fast nordisch klar, so klar, wie es nur an Septembertagen ist, und der Träger hatte bereits ein vom Wein gerötetes Gesicht, obwohl es noch sehr früh am Tag war. Ich hatte Mühe, mit ihm Schritt zu halten, lief an

Harry's Bar vorbei, deren Wände weiß leuchteten, am Hafenamt und an dem kleinen marmornen Pavillon, die Möwen schrien, und es roch wieder nach toten Seesternen. Einen Herzschlag lang hatte ich das Gefühl, dass die Schönheit der Stadt nur mir allein gehörte. Vom Boot aus sah ich die Kuppeln der Markuskirche wie graugrüne Luftschiffe aus dem Häusermeer aufsteigen. Der Putz blätterte wie trockene Haut von den Palazzi, und ich bemerkte, dass auf einem dünnen Campanile Gras wuchs.

Als ich in Hamburg landete, regnete es, der Wind zerrte an mir, und ich hatte Venedig mit seinen Luftschiffen, dem dünnen Campanile und den toten Seesternen schon fast wieder vergessen. Nur den Italiener nicht. Ich hatte nicht mal seine Telefonnummer.

In Hamburg nahm ich wie immer an Redaktionskonferenzen teil und ging in die Kantine zum Mittagessen. Die Kantine sah aus, als hätte der Architekt die siebziger Jahre in Harz gegossen, mit orangefarbenen Wänden und grasgrünem Teppichboden und Metallstühlen, die so unbequem waren, dass man dies nur mit ihrem Status als Designklassiker entschuldigen konnte. Ich aß Zitronencreme als Nachtisch, wie jeden Tag, suchte halbherzig nach einer Entschuldigung dafür, dass ich es nicht geschafft hatte, das Interview mit Lina Wertmüller zu führen, wurde aber nicht danach gefragt, weil alle damit beschäftigt waren, der DDR beim Untergang zuzusehen. Montagsdemonstrationen in Leipzig, Ungarns Grenzen offen, Genscher in der Prager Botschaft. Niemand interessierte sich mehr für Lina Wertmüller und die Frage, warum ihre Hauptpersonen immer

Kommunisten oder Feministinnen sind. Die Fernseher liefen den ganzen Tag und lieferten die Beweise für etwas, was niemand für möglich gehalten hätte. Die Welt bewegte sich. Aber ohne mich. Denn der Untergang der DDR gehörte nicht in mein Ressort.

Ich las im Wesentlichen Zeitungen. Die *Süddeutsche*, die *FAZ*, die *TAZ*, die *International Herald Tribune*, *Le Monde*, und seit neuestem auch die *Repubblica*. Und den *Spiegel*, *Newsweek*, *Oggi*, *Paris Match*, *Time Magazine*. Wenn ich abends mein Büro verließ, warf ich die Zeitungen immer auf einen Stapel vor meiner Tür, vor jeder Bürotür lag so ein Stapel als Ausdruck von Mühe und Anstrengung und erledigter Arbeit, und insgeheim staunte ich immer noch darüber, dass ich für das Zeitungslesen bezahlt wurde. Ich hätte lieber geschrieben. Aber man war in der Redaktion über jeden froh, der nicht schrieb. Denn wer schrieb, der wollte auch gedruckt werden, und damit fing das Elend an. Der Kampf um die Doppelseiten, den Ressortleiter mehr oder weniger glücklos ausfochten, der Streit um den Grauwert zwischen den Anzeigen. Je weniger geschrieben wurde, desto weniger musste weggeworfen werden. Aber dessen ungeachtet wurde immer noch zu viel geschrieben. Täglich wurde zu viel geschrieben. Auch wenn ich wenig schrieb, schrieb ich immer noch zu viel. Und dann ging auch noch die DDR unter. Ein Ereignis, das alles andere in den Schatten stellte. Und über das ich nicht schreiben durfte.

Ich wohnte in einem Appartement, das ich wegen des kleinen Balkons liebte, den ich mit Petunien bepflanzt hatte. Allerdings hatten die Petunien aufgrund des nassen Hamburger Wetters Läuse bekommen. Wenn ich abends im Bett lag, bildete ich mir ein, die Nebelhörner der Schiffe zu hören. Eigentlich war ich glücklich, mit den Nebelhörnern, den verlausten Petunien und den Zeitungsstapeln. Ich hätte nur gern mehr geschrieben. Und den Italiener wiedergesehen.

Daran dachte ich, als ich einschlief. Zwei Tage waren seit meiner Rückkehr aus Venedig vergangen. Und dann klingelte das Telefon. Es war schon spät, und ich weiß noch, dass er sich für die Uhrzeit entschuldigte. Die Leitung rauschte, am anderen Ende schlugen die Glocken des Campanile Mitternacht, und ich hörte mich sagen: Komm mich doch besuchen. Und der Italiener antwortete, ohne zu zögern. Er sagte: Ja, gerne, wann passt es dir denn am besten?, und ich bewunderte ihn für seinen Mut.

Dann sagte ich: In zwei Tagen. Erst als ich den Hörer aufgelegt hatte, wurde mir bewusst, dass ich einen Mann eingeladen hatte, mit dem ich nur einen Abend lang gesprochen hatte – noch dazu in einer Sprache, die ich nur unzureichend beherrschte. Hatte ich den Verstand verloren?

Als ich am nächsten Tag meine tägliche Zitronencreme in den orangefarbenen siebziger Jahren der Kantine aß, erzählte ich meinen Freundinnen von dem bevorstehenden Besuch. Ich erzählte nicht nur ihnen davon, sondern hatte auch zwanghaft alle anderen Freundinnen meines Vertrauens angerufen, egal wo sie wohnten, ohne Not hatte ich ihnen von dem Besuch erzählt, ohne dass sie mich gefragt hätten – ganz so, als wollte ich Spuren von mir hinterlassen, falls ich das Wochenende nicht überlebte. Ich berichtete meiner Mutter von dem Italiener. Ich sagte, dass ich einen sehr netten Mann kennen gelernt hätte. Für meine Mutter ist das Attribut »nett« das größte Kompliment, das sie in Verbindung mit dem Wort »Mann« macht. Auch Tante Hildegard und Onkel Karl erfuhren von dem Italiener. Und Onkel Karl vermutete in dem Italiener sogleich einen Mädchenhändler, schließlich verfüge Venedig aus historischen Gründen über die allerbesten Verbindungen in den Orient, vermutlich käme der Italiener nur angereist, um mich gefügig zu machen und anschließend in den Nahen Osten zu verkaufen.

Auch die Reaktionen meiner Freundinnen waren ambivalent. Es regnete, und ich schaute auf die Alster, die vor den Fenstern der Kantine wie ein kleines Meer lag. Vor uns standen unsere abgegessenen Teller auf den Tabletts. Wir hatten die Wahl gehabt zwischen Geflügelbratwurst mit Speck und Salzkartoffeln und Nudeln mit Gorgonzolasauce. Ich hatte mich aus sentimentalen Gründen für Nudeln mit Gorgonzolasauce entschieden.

Wir waren beim Kaffee angelangt. Noch wenige Monate zuvor hatten meine Freundinnen Anna, Regina und Carolina und ich geplant, im November eine Reise nach Venedig zu machen: Nach einem Mittagessen in der Kantine, nach Rinderroulade mit Apfelrotkohl hatten wir uns elegisch gefühlt und uns vorgestellt, dass es im November in Venedig ganz besonders morbide und romantisch sei. Und diese Freundinnen fanden es nun einerseits sehr romantisch, dass mir ein Venezianer bis nach Hamburg nachreiste. Einerseits. Andererseits fanden sie es verdächtig. Was ich beleidigend fand. Warum sollte er mir nicht nachreisen? War ich etwa eine Frau, der nachzureisen sich nicht lohnte?

Es sei verdächtig, weil er Venezianer sei, sagte meine Freundin Carolina. Denn ein Venezianer habe doch täglich die Gelegenheit, Millionen von Touristinnen kennen zu lernen, die auf der Suche nach einem Abenteuer seien. Der wahre Beweggrund für seine Reise könne also nicht Verliebtheit sein, sondern Perversion. Sado oder Maso, Latex oder Damenunterwäsche, jedenfalls ein Laster, dem der Venezianer nur in einer fremden Stadt ungestört frönen könne.

Ich erinnerte mich daran, dass meine Freundin Carolina mir jedes Mal, wenn ich ein Blumenkleid trug, sagte: Nur du kannst so etwas tragen! Und es klang wie: Nur dir stehen Kleider, die sonst nur jugoslawische Putzfrauen tragen können. Ich nahm mir vor, mein Verhältnis zu Carolina zu überdenken.

Später auf dem Flur sprach mich an der Fotokopiermaschine eine Sekretärin aus dem Ressort Deutschland II an. Ich kannte sie nur flüchtig. Am Abend vor meiner Dienstreise nach Italien hatten wir zusammen in der U-Bahn gesessen. Sie blickte vorwurfsvoll. Sie blickte immer vorwurfsvoll, egal ob sie am Computer saß oder Kaffee kochte, deshalb machte ich stets einen großen Bogen um sie. Sie erinnerte mich an meine Handarbeitslehrerin. Auch jetzt hatte ich bei ihrem Anblick das Gefühl, als habe ich vergessen, dass ich bis morgen noch zwei Reihen Kettenstich zu sticken hätte. Nie hätte ich ihr von dem Italiener erzählt.

Ich kopierte gerade ein paar Artikel über Lina Wertmüllers neuesten Film. Wie war der Urlaub in Venedig?, fragte sie streng. Ich machte sie darauf aufmerksam, dass ich Venedig keineswegs privat, sondern rein dienstlich besucht hätte, was für sie jedoch nicht von Bedeutung zu sein schien. Übergangslos fragte sie mich, wie ich das mit den Belästigungen ausgehalten hätte, wobei sie klang, als beklage sie die hohe Luftfeuchtigkeit.

Welche Belästigungen meinen Sie?, fragte ich, während ich meine Kopien sortierte. Meinen Sie die Taubenplage?

Nein, sagte sie, die Italiener. Die belästigen doch jede Frau.

Die Sekretärin blickte mich an, als sei ich etwas schwer von Begriff, und ich versuchte, ihrem Blick auszuweichen, indem ich den Stapel mit den Wertmüller-Kopien auf den Boden legte. Dann ordnete ich alle Kopien noch mal neu. Und während des Ordnens überlegte ich, ob ich auf meiner Reise belästigt worden war. Ich versuchte mich an Situationen zu erinnern, die für eine Belästigung förderlich gewesen wären, im Zug, im Flugzeug, im Hotel. Einmal war ich sehr lange mit einem Hotelpagen im Aufzug gefahren, aber der Hotelpage hatte mich weder gefragt, ob es mir in Italien gefalle, noch ob ich verheiratet sei, sondern einfach nur geschwiegen und auf den Boden geblickt. Ich hatte einen ganzen Nachmittag am Strand verbracht, ohne dass ein Bademeister meine Gesellschaft gesucht hätte, stattdessen hatte ich eine ziemlich dicke Sizilianerin kennen gelernt, die Gedichte auf Sizilianisch schrieb – Gedichte, die ich zwar nicht verstand, die sie mir aber trotzdem vortrug, weil ich Journalistin war und sie hoffte, dass ich einen Artikel über sie schreiben würde. Ich war Zug gefahren, in einem sehr, sehr langsamen Zug, einer Art Triebwagen, ohne dass ein Italiener versucht hätte, mich zu verführen, stattdessen hatte ich im Triebwagen lediglich die Bekanntschaft einer schwitzenden amerikanischen Familie gemacht, die sich genau wie ich fragte, ob dieser Triebwagen wirklich in diesem Schneckentempo ohne Klimaanlage bis an unser Ziel fahren würde.

Ich ging noch mal die Wartezeiten auf Bahnhöfen und Flughäfen durch, Minute für Minute, ich versuchte, mich an Gespräche mit Sitznachbarn im Flugzeug zu erinnern, Gespräche, deren Doppeldeutigkeit sich mir vielleicht nicht sogleich erschlossen hatte, Italiener, die mir möglicherweise in eindeutiger Absicht zugelächelt hatten, während ich dies als reine Freundlichkeit interpretiert hatte. Aber auch die längste Exegese änderte nichts an dem beschämenden Schluss, dass ich während meiner ganzen zehntägigen Dienstreise, die mich nicht nur nach Venedig, sondern sogar nach Sizilien, Rom und in die Toskana geführt hatte, kein einziges Mal belästigt worden war. Es war niederschmetternd.

Ist mir nicht aufgefallen, sagte ich.

Tja, sagte die Sekretärin.

Während ich meinen Stapel Kopien wieder in mein Büro trug, fragte ich mich, warum ich nicht wenigstens ein kleines bisschen belästigt worden war. Ob es daran lag, dass ich brünett war? Dann erinnerte ich mich jedoch daran, dass da immerhin der Kellner gewesen war, der mich auf dem Weg zum Markusplatz angesprochen hatte. Vermutlich war ich in jenem Moment nur zu großmütig gesinnt gewesen, um die belästigende Absicht rechtzeitig zu erkennen, dennoch handelte es sich hier um einen klaren, eindeutigen Fall. Ich wollte das der Sekretärin noch hinterherrufen, auch um mein Ansehen zu retten, aber da war sie bereits wieder in ihrem Zimmer verschwunden.

Auf dem Flur traf ich meine Freundin Anna, der ich die Pestmaske aus Venedig mitgebracht hatte. Sie war blond und würde vermutlich von Heerscharen von Italienern belästigt. Anders als meine Freundin Carolina hatte Anna keine Vorbehalte gegenüber einem Venezianer, der mir nachreiste. Sie dachte vor allem praktisch und riet mir dazu, Pumpernickel zu kaufen. Damit könnte ich den Italiener garantiert überraschen. Anna kam am nächsten Tag zu mir in mein Appartement und schenkte mir eine Flasche Sekt für den Empfang des Italieners. Sie stand in meiner Einraumwohnung und betrachtete meine Einrichtung, die sich seit meinem Studienbeginn nicht mehr verändert hatte. Im Wesentlichen bestand sie aus einem Klappsofa, einem Schreibtisch, einem Rattansessel und einem Bett, das mich über verschiedene Studienorte hinweg bis nach Hamburg begleitet hatte. Sie empfahl mir, die Möbel umzustellen, damit mein Einzimmerappartement größer wirke. Schließlich sei der Mann Venezianer, damit sei die Wahrscheinlichkeit, dass er in einem Palazzo wohne, sehr groß, und als Palazzobewohner fühle er sich in meinem Einzimmerappartement vermutlich etwas beengt.

Schon begannen wir damit, die Möbel umzustellen. Wir rückten mein geblümtes Klappsofa an die Stelle, an der zuvor mein Schreibtisch gestanden hatte, wodurch wir sehr viel Platz schafften. Wir legten eine weiße Decke über die grünen Blumen meines Klappsofas, wodurch der Raum an Weite gewann. Und ich lackierte meinen Papierkorb weiß. Im Garten, mit einer Spraydose, wobei ich den ganzen Rasen mitlackierte. Ich weiß nicht, warum ich den Papierkorb weiß lackiert habe. Vielleicht, weil ich eine Frau sein wollte, die in einer Wohnung mit einem weiß lackierten Papierkorb lebt. Jeder, der auf sich hielt, wohnte in einer weißen Wohnung, mit weißen Möbeln, weißen Teppichböden, weißen Wänden, weißen Vorhängen und weißen Papierkörben, nur ich hatte es nicht geschafft, ganz weiß zu werden, der Teppichboden war braun, das Sofa grün, das Badezimmer pink, der Klodeckel türkisgrün. Zumindest mein Papierkorb sollte auf der Höhe der Zeit sein.

Sonderzüge mit DDR-Flüchtlingen durchquerten die DDR, Bayern richtete Notaufnahmelager für DDR-Bürger ein, und ich wartete auf den Italiener. Auf dem Redaktionsflur fragte mich meine Freundin Carolina zwischen den zerlesenen Zeitungsstapeln, wie der Italiener eigentlich aussähe. Ob er dunkelhaarig sei. Und dunkeläugig. Und dunkelhäutig. Und klein. Italiener seien ja eher kleinwüchsige Männer. Jedenfalls im Verhältnis zu den groß gewachsenen deutschen Männern und zu den groß gewachsenen deutschen Frauen. Frauen wie sie. Deshalb sei es für sie in Italien immer sehr schwer mit den Männern gewesen. Nie sei die richtige Größe vorhanden gewesen.

Ich überlegte, wie groß der Italiener war. Ich glaubte mich daran zu erinnern, dass er größer war als ich. Das sei allerdings keine Kunst, sagte Carolina. Weshalb ich einen Schritt zurück machte, Carolina mit den Augen maß und bemerkte, dass sie dem Italiener vermutlich leider nur bis zum Bauchnabel reichen würde. Überdies sei er für einen Italiener sehr blass ausgefallen. Geradezu von einer nordischen Blässe.

Es war der Tag des Redaktionsschlusses, und deshalb aßen wir auch abends in der Kantine, wobei die Freundinnen die Frage zu lösen versuchten, in welche Restaurants ich den Italiener führen sollte. Ich wusste es nicht. Besonders heikel gestaltete sich die Wahl des Restaurants für den ersten Abend. Die italienische Küche schloss ich aus. Die deutsche auch. Ebenso wie die griechische, die türkische, die chinesische und die jugoslawische. Die Freundinnen betonten die Wichtigkeit des Ambientes für den Verlauf des ersten Abends. Das Lokal solle intim sein, aber nicht allzu intim, beschied Anna. Daraufhin schlug Regina ein syrisches Restaurant vor. Das würde dem Venezianer sicher gefallen.

Schließlich blieb nur noch der touristische Teil zu gestalten. Blankenese, Hafen, Alsterrundfahrt, sagte Anna. Das sei für den Venezianer sicher lohnend, und ich stimmte dem zu. Schließlich hatte sich dieses Programm bereits bei zahlreichen Verwandtenbesuchen bewährt. Der Hafen hatte immer überzeugt.

Als ich am nächsten Nachmittag schließlich am Flughafen hinter der Absperrung wartete, glaubte ich zu sterben. Der Flug hatte etwas Verspätung. Dann kam er. Ich erkannte ihn an seinem Gang. An den großen ausholenden Schritten des Venezianers. Er lachte, und es war, als hätten wir uns immer schon gekannt. Als hätte ich ihn schon hunderte von Malen an diesem Flughafen abgeholt, als hätten wir schon Hunderte von Malen unsere Verlegenheit weggelacht. Ich roch sein Parfüm, und es war mir egal, ob er größer oder kleiner war als ich.

Später saß er in der neuen Weite des Raumes auf meinem Klappsofa, das nicht mehr geblümt war, sondern weiß, und ließ sich weder eine Neigung zum Tragen von Damenunterwäsche anmerken, noch holte er einen Latexanzug aus seinem Gepäck. Stattdessen aß er Pumpernickel, wie mir schien: widerstrebend. Später fuhr er mit mir an den Hafen. Wir setzten uns auf eine Bank und blickten auf die Kräne und auf das Trockendock von Blohm + Voss. Eine Gruppe von Kegelschwestern aus dem Ruhrgebiet stellte sich zum Erinnerungsfoto auf, noch schwankend und kichernd von der Hafenrundfahrt. Dann gingen sie zu dem Souvenirkiosk und kauften sich mit Muscheln beklebte Schmuckschatullen als Erinnerung an ihre Hafenrundfahrt. Ich wollte noch erklären, dass der Hamburger Hafen ein besonderer Hafen sei, weil man an ihm schon das Meer mit seinen Gezeiten spürte, aber da schoben sich bereits Wolken am Horizont zusammen, rissen wieder auf und jagten an uns vorbei, und ich spürte Zweifel in mir bohren. Vielleicht war der Hafenbesuch für einen Venezianer weniger spannend als für Onkel Herbert und Tante Irma? Schließlich spielte sich in Venedig, wie ich mich vage erinnerte, das tägliche Geschehen weitgehend auf dem Wasser ab. Die Muschelschalen, mit denen man hier Schmuckschatullen beklebte, wurden in Venedig zusammen mit Brotkrümeln in den Müll geworfen. Ich dachte an die Vaporettofahrt, an den Lido und beschloss, sowohl die Hafenrundfahrt als auch die Alsterrundfahrt aus dem weiteren Programm zu streichen.

Am Hafen fragte ich ihn, wie es sei, am Markusplatz zu wohnen, ob es nicht sehr laut sei und die Tauben lästig, und der Venezianer machte mich freundlich auf den Unterschied zwischen der Piazza San Marco und dem Stadtviertel San Marco aufmerksam. Er wohne keineswegs am Markusplatz, sondern in unmittelbarer Nähe, im Stadtviertel San Marco, was mich beruhigte. Venezianer zu sein, war schon exotisch genug. Wenigstens wohnte er nicht auch noch am Markusplatz. Ich wollte ihn fragen, ob er von seinem Fenster aus auf das Wasser blicke, verwarf die Frage jedoch. Vermutlich klänge sie in seinen Ohren, wie wenn ich ihn gefragt hätte, ob er in einer Stadt mit Straßen wohne.

Der Venezianer blickte auf die Elbe, die träge und dunkelbraun vorbeikroch. Und beteuerte, dass er immer glücklich sei, wenn er sich in Städten befinde, die am Wasser lägen. Städte ohne Wasser machten ihn ganz krank. Wenngleich er auch zugeben müsse, dass ihn Flüsse, die immer nur in eine Richtung fließen, auch etwas nervös machten. Erleichtert konnte ich den Venezianer darauf aufmerksam machen, dass die Elbe kein stupider, sondern ein anspruchsvoller Fluss mit Ebbe und Flut sei, was ihn offenbar beruhigte, denn er sei Wasser gewöhnt, das sechs Stunden in die eine Richtung fließe und sechs Stunden in die andere Richtung. Wasser, das von Zeit zu Zeit über die Kanäle trete und manchmal so tief stehe, dass die Boote nicht mehr fahren könnten. Er sei daran gewöhnt, aus dem Fenster zu schauen und Wasser zu sehen. Ohne Wasser könne er nicht leben, sagte er, und ich dachte: ein Nixenmann. Er stirbt, wenn man ihn aus dem Wasser zieht.

Er beschrieb das Wasser, als ob es lebte, ein Wasser, das je nach Stimmung die Farbe wechsele, bisweilen sei es grün, oft grünblau und gelegentlich auch graugrün, nachts mache es Geräusche, als ob es schnarche, und ich hörte ihm zu und roch den Pfeffer und den Weihrauch seines Parfüms und versuchte mir vorzustellen, aus dem Fenster zu blicken und immer nur Wasser zu sehen. Lebendiges Wasser, graugrünes Wasser, schnarchendes Wasser.

Ich gestand ihm, dass ich nicht wirklich an die Existenz von echten Venezianern geglaubt hatte. Jedenfalls nicht von Venezianern, die weder Kellner noch Gondolieri oder Maskenverkäufer seien. Und der Venezianer war darüber gar nicht erstaunt. Und auch nicht gekränkt. Denn es gebe tatsächlich nur noch sehr wenige von ihnen. Venezianer seien inzwischen so gut wie ausgestorben. Sie seien zu einer Rarität geworden.

Venezianisches Artensterben. Offenbar war ein Venezianer so etwas wie ein Spitzmaulnashorn oder eine Säbelantilope. Plötzlich wollte ich ihn retten. In einen Schuhkarton setzen wie eine verirrte Fledermaus.

Fast aufreizend langsam streifen sich die Musiker des Florian wieder ihre schwarzen Jacketts über, die sie zuvor über die Notenständer gehängt haben. Über dem Glockenschlag des Campanile höre ich, wie sie Russisch miteinander sprechen, lachend und guttural. Mit den Instrumenten in der Hand und in die schwarzen Jacketts gehüllt, sehen sie wieder selbstsicher aus, weniger verloren und verletzlich als in den weißen Hemden mit den hochgeschobenen Ärmeln. Eine Dame in einem rosafarbenen Jogginganzug nähert sich dem Orchester und macht Komplimente. Sie hat eine puderhelle Haut und errötet, als sie im zarten Italienisch einer amerikanischen Sprachschülerin fragt, ob sie Venezianer seien, was die Musiker verlegen verneinen. Sie stammten alle aus Moldawien, sagen sie, und die Amerikanerin blickt ratlos. Ihre Ratlosigkeit verstärkt sich noch, als die Musiker ihre Professionalität beteuern, die erste Geige betont, dass sie alle Musik studiert hätten, ja dass seine Kollegen Universitätslehrer seien, die in Moldawien Geige oder Klaviermusik gelehrt hätten, und die Amerikanerin sagt: Oh. Und ist verwirrt. Eigentlich hatte sie nur ein Kompliment machen wollen. Und jetzt fühlt sie sich, als hätte sie die Musiker nach ihrer Aufenthaltsgenehmigung gefragt. Sie konnte nicht wissen, dass unter den vier Kaffeehausorchestern des Markusplatzes eine erbitterte Rivalität herrscht, die ihren vorläufigen Höhepunkt in der Nationalitätenfrage gefunden hat: Das dem Florian gegenüberliegende Caffè Quadri trumpft damit auf, ausschließlich venezianische Musiker zu beschäftigen, um sich dem Florian überlegen zu zeigen. Obwohl die Konkurrenz auf der anderen Seite des Markusplatzes erst fünfzig Jahre später eröffnet wurde, was Signor Claudio nicht müde wird zu betonen. Er liebt es, zwischen zwei Bestellungen kleine historische Aperçus wie Zitronenbaisers zu servieren – aber die puderhelle amerikanische Dame will das alles gar nicht so genau wissen und bittet ihn stattdessen, ein Foto von ihr und den Musikern zu machen.

Signor Claudio legt seinen Bestellblock beiseite und hebt die Kamera mit umständlich angewinkelten Armen an. Die moldawischen Musiker stellen sich im Halbkreis auf, die Musiker im Frack und mit steifen Schultern und die Amerikanerin in ihrem flauschigen rosafarbenen Jogginganzug in ihrer Mitte. Zum Abschied schreibt sie noch die Namen aller auf: Pawel, Vitali, Stefan, Konstantin. Etwas verlegen bedankt sie sich und geht zu ihrem Tisch zurück. Die Musiker rufen sich lachend ein paar Sätze zu und schlagen ihre Noten wieder auf.

Nur der Akkordeonist blickt der Amerikanerin ungläubig nach, wobei sein rechtes Auge fassungslos zum Himmel starrt, was allerdings nicht an der Amerikanerin liegt, sondern daran, dass der Akkordeonist schielt. Mit seinem schwarzen, ölglänzenden Haar und der olivfarbenen Haut wirkt er wie ein Zigeunerbaron. Manchmal treffe ich ihn auf der Straße, von der Vaporettostation in der Calle Vallaresso kommend, geht er leicht gebeugt unter dem Gewicht seines Akkordeons, das er um eine Schulter gehängt trägt. Sein Hemd ist blütenweiß und steif gestärkt, seine schwarzen Lackschuhe blank poliert. Er bahnt sich einen Weg durch das Meer von Tagestouristen. Und sieht dabei aus, als sei er bei einer Zeitreise fehlgeleitet worden, ein Virtuose der schwarzen Magie, der aus einem vergangenen, edlen Jahrhundert irrtümlich in einem Jahrhundert der rosa Jogginghosen und Mineralwasserflaschen und Graffiti gelandet ist.

Nach dem Hafenbesuch gingen der Italiener und ich in das syrische Restaurant. Intim, aber nicht allzu intim. Die Kellner sahen aus wie Haremswächter, mit Augenbrauen wie schwarze Tuschestriche und breiten Schärpen um den Bauch. Den Aperitif nahmen wir in weichen Kissen versinkend ein, über uns hingen Lichterkränze, in einer Ecke plätscherte ein orientalischer Springbrunnen und auf dem Tisch lagen frische Rosenblätter. Mit graziöser und verständnisinniger Geste servierten die Kellner uns die Vorspeisen. Winzige Entrees in eckigen Schalen, die ein kleines, klickendes Geräusch machten, als sie vor uns auf den Tisch gestellt wurden. Die Haremswächter erläuterten jede Vorspeise, als sei das Essen kein Essen, sondern eine Reise ins Morgenland. Dies ist ein Samsara aus Auberginenmus mit Knoblauch und Tomaten, hier geht es weiter mit einem Kalifat aus Kichererbsenmus mit Knoblauch und Tomaten, dies ein Fliegender Teppich aus gebratenen Zucchini mit Knoblauch, schließlich hier das Jungfrauenparadies aus Knoblauch mit Joghurt und Tomaten, ein Diwan aus Sesamtomaten, sehr schmackhaft auch der Himmel aus Peperonitomaten, hier etwas Entzücken aus Karottenpüree mit Kümmel und Knoblauch und zum Abschluss die Flamme der Sehnsucht: ein kleiner Tomatensalat mit Chili und Koriander.

Und dann sagte der Italiener: Ich esse keine Tomaten.

Alles könne er vertragen, nur Tomaten nicht. Gegen die sei er allergisch. Er blickte auf die Tomaten, als seien sie keine Tomaten, sondern Giftkröten. Tomaten seien praktisch tödlich für ihn, sagte er.

Die Haremswächter waren ratlos, berieten flüsternd über eine weitere, tomatenlose Menüfolge, und ich dachte, dass ein Italiener, der gegen Tomaten allergisch ist, vergleichbar ist mit einem Saharabewohner, der beim Anblick von Sand ohnmächtig wird. Mit einer Königsberger-Klops-Phobie oder einer Rosenkohl-Neurose wäre das Leben für ihn in Italien sicher leichter gewesen. Rosenkohl oder Königsberger Klopsen hätte er spielend aus dem Weg gehen können, aber Tomaten? Wo doch jeder weiß, dass die Tomate in Italien ein Grundnahrungsmittel ist. Sagte ich. Was der Italiener energisch bestritt, wobei er auch noch betonte, dass er kein Italiener sei, sondern Venezianer und die Tomate in der venezianischen Küche völlig unbekannt sei. Erst im letzten Jahrhundert sei sie aus Süditalien eingeschleppt worden, wo man bekannterweise auch Singvögel verzehre, nur habe sich das nicht so durchgesetzt wie der Genuss der Tomaten.

Schon wenn er Tomaten sehe, werde er hysterisch, sagte er.

Ich staunte. Ich hatte noch nie einen Mann getroffen, der von sich behauptete, hysterisch zu werden, weder von

Tomaten noch sonst, was mich sofort für ihn einnahm. Und mich zu dem Geständnis trieb, keinen Speck essen zu können. Speck in jeder Form, gesotten oder geräuchert, gehackt oder gewürfelt – schon der Geruch nach Speck würde mich umbringen. Und Milch. Am schlimmsten sei heiße Milch. Heiße Milch mit Haut.

Als Tischwein hatten wir uns für einen algerischen Rosé entschieden, und ich bemerkte, dass der Italiener an dem Wein lediglich nippte. Er nahm einen winzigen Schluck, kaum mehr als ein Benetzen der Lippen, schon stellte er das Glas wieder ab. Ich befürchtete, dass ihm der Wein nicht schmeckte, und als ich ihn fragte, gestand er, nur ganz selten Wein zu trinken. Praktisch nie. Er mache sich nicht viel aus Wein, gegen Kaffee sei er allergisch, sein Lieblingsgetränk sei Tee mit Milch, aber das lasse sich mit einem Abendessen schlecht vereinbaren.

Indessen werde es ihm in Italien nicht leicht gemacht, an seiner Liebe zum Tee festzuhalten. Denn in Italien werde Tee nicht mit Genuss getrunken, sondern eingenommen. Folgerichtig servierten die Kellner den Tee auch nicht, sondern verabreichten ihn wie eine Medizin, von der sie annehmen, dass sie schlecht schmecken müsse, um wirkungsvoll zu sein. Meistens sei der Tee gar kein Tee, sondern schmutziges Wasser, oft geschehe es, dass der Barmann den Teebeutel in heißes, mit Milch vermischtes Wasser werfe oder schwarzen Tee mit Kamillentee verwechsele oder in der Schublade nur einen letzten Teebeutel finde, der dort seit der italienischen Vereinigung liege.

Es war das erste Mal in meinem Leben, dass ich einem

Mann gegenübersaß, der, was Essen und Trinken betraf, noch empfindlicher war als ich. Und der das sogar zugab. Schon schlug ich vor, einen Pfefferminztee für ihn zu bestellen, was er aber ablehnte. Später dann gingen wir in eine Bar und tranken Champagner. Champagner trinke er so gerne wie Tee, sagte er.

Ich fand ihn sehr schön, wenn er über das Essen sprach und den Tee und die Tomaten und den Wein und über das Wasser in Venedig und die Flüsse, die nur in eine Richtung flossen. Er hätte auch über Buchhaltung, Somnambulismus oder Rückengymnastik sprechen können, und ich hätte es interessant gefunden. Ich mochte seine Augen und seinen Mund und seine Blässe und seine Haare, die ihm etwas ins Gesicht fielen. Ich mochte seine Hände, die jede seiner Silben unterstrichen.

Am nächsten Morgen frühstückten wir sehr spät in einem Café im Stadtpark. Die Kellnerin servierte uns Obstsalat und gekochte Eier und siebzehn verschiedene Brotsorten, aber kein Pumpernickel, was den Italiener verzückte. Die Kellnerin trug auch noch Schinken auf. Schwarzwälder Schinken. Mit Speckrand. Den der Italiener für mich entfernte.

Später gingen wir spazieren, wobei ich mich bemühte, ans Wasser zu gelangen, an die Elbe, an die Alster, an den Stadtparkteich, weil ich hoffte, so seiner Sehnsucht nach Wasser Genüge zu tun. Und wenngleich sich weder die Alster noch der Stadtparkteich von der Stelle bewegten, erzählten wir uns unsere Leben, als hätten wir immer schon auf diesen Moment gewartet, und der Italiener behauptete unablässig, stets gewusst zu haben, dass ich eines Tages kommen würde, und ich sagte: ja, und wunderte mich über mich selbst, weil ich plötzlich so klang, als glaubte ich an das ewige Leben und an die Vorhersehung, und vermutlich war das auch der Fall. Später, als der Italiener wieder in Venedig war, schickte er mir einen Brief, in den er aus Stoffresten ein Herz geklebt hatte. Darunter stand: *Mein Hertz. Du feldst mir.*

2.

Signor Claudio weist die Hilfskeller an, einige Tische zusammenzustellen, es werde, wie er mir zuflüstert, eine Hochzeitsgesellschaft erwartet, aus Deutschland! Er spricht das *Deutschland* ganz vertraulich aus, so, als nähme er an, dass es mich als Deutsche besonders freuen würde, mit einem deutschen Brautpaar im Caffè Florian zu sitzen. Schon läuft die Braut in einem weißen Tüllrock über den Platz, ein Segelschiff mit geblähten Segeln, das sich durch ein Meer von Tauben schiebt. Der Bräutigam trägt einen hellen Anzug und eine Sonnenbrille, die er selbst im Schatten nicht absetzt, was selten ist für einen Deutschen. Hinter ihnen folgt die ganze Familie, und die Damen sehen aus, als kämen sie vom Pferderennen in Ascot. Mit steifem Nacken tragen sie ihre Hüte vorsichtig über den Platz, so wie Afrikanerinnen, die auf ihren Köpfen Wasserkrüge balancieren.

Die Hochzeitsgesellschaft bestellt Bier und Kaffee, und das Brautpaar folgt den Anweisungen des Fotografen, der erst auf dem Rücken liegend fotografiert und sich dann hinter einem Stuhl verschanzt, schließlich stellt er sich auf den Stuhl, und der Stuhl kippelt, schon sieht man ihn zwischen Bier und Kaffee und Silbertabletts liegen, aber da steigt er bereits wieder herab und robbt zwischen den Gästen an das Brautpaar heran. Etwas später schiebt er die Braut in die Tauben und drapiert den Tüll und den Bräutigam um sie herum. Dann weist er die Braut an, vor dem Bräutigam wegzulaufen, wobei sie den Brautstrauß versehentlich zu verlieren hat, was für die Braut keine geringe schauspielerische Herausforderung darstellt. Sie rafft ihr Kleid, läuft durch die Tauben, die gelangweilt aufflattern, und versucht, den Brautstrauß elegant fallen zu lassen. Der Strauß aber sinkt nicht herab wie ein Batisttüchlein, sondern rollt weg wie ein Handball, der vom Bräutigam geschickt aufgenommen wird. Mit dem Brautstrauß in der Hand springt er hoch wie ein Kreisspieler beim Sprungwurf, als seien weiße Marmormäander auf dem Markusplatz die Freiwurflinie, als ziele er Richtung Tor – bis der Fotograf sich für den Einsatz bedankt und das Orchester einen Hochzeitsmarsch zu spielen beginnt, der alle Italiener zum Applaudieren animiert. In Italien werden Brautpaare immer beklatscht, genau wie tote Helden. Wenn der Sarg nach der Totenmesse aus der Kirche getragen wird, applaudiert man in Italien so, als würde eine Geburtstagstorte aufgetragen. Je tragischer die Umstände waren, unter denen der Tote um das Leben gekommen ist, desto größer ist der Applaus. Mordopfer werden mit Beifall überschüttet, bei toten Helden wird sogar Bravo gerufen, Opfer von Mafia-

Attentaten lösen Ovationsstürme aus. Daran muss ich bei applaudierenden Italienern immer zwanghaft denken, und ich hoffe, dass dieses Brautpaar hier auf dem Markusplatz von diesem Brauch nichts ahnt.

Das Brautpaar kommt aus Leipzig, flüstert mir Signor Claudio zu. Er hat sie wegen mir danach gefragt, als würde mich dieses Wissen so glücklich machen wie Italiener, wenn sie einander im Ausland begegnen. Ich habe in der Pariser Metro Italiener erlebt, die es schafften, sich auf der kurzen Fahrt zwischen der Gare Montparnasse und der Station Vavin sofort zu befreunden und darüber auszutauschen, wo sich in Paris das einzige Restaurant befinde, das die Spaghetti *al dente* serviere. Und nichts begeistert Amerikaner aus Idaho mehr, als am Nebentisch ein Paar aus Cleveland zu entdecken. Sofort erzählen sie, dass ihre Tochter in Florenz Kunstgeschichte studierte, heute aber geschieden sei, ihre Wohnung sieben Schlafzimmer hat und es in Venedig am Nachmittag so schwül gewesen sei, dass sie sich hätten duschen müssen. Wäre ich Amerikanerin, dann ginge ich jetzt sofort zu der Hochzeitsgesellschaft und fiele dem Brautpaar um den Hals. Als Italienerin im Ausland riefe ich jetzt *Evivva gli sposi!*, und alle würden anfangen zu heulen. Ich aber bin Deutsche und bleibe sitzen.

Denn ich weiß, dass es für Deutsche im Ausland nichts Schlimmeres gibt, als Deutsche im Ausland zu entdecken. Und noch bitterer ist es, von einer Deutschen als Deutsche identifiziert zu werden. Im Urlaub möchte man anders sein, italienisch, französisch, ungarisch. Unsichtbar.

Manche Italiener ahnen diesen Selbsthass und versuchen mir zu schmeicheln, indem sie sagen, dass sie mich nie und nimmer für eine Deutsche gehalten hätten, eher für eine Französin. Würde man einer Italienerin sagen, dass sie keineswegs aussehe wie eine Italienerin, sondern eher wie eine Französin, dann wäre sie zu Tode beleidigt.

Das Brautpaar kehrt vom Fototermin in den Tauben zurück und klopft sich die Federn von den Kleidern. Der Bräutigam küsst die Braut auf die Schultern und liest sich danach eine Flaumfeder von den Lippen. Vor nicht allzu langer Zeit hätte es niemand für möglich gehalten, dass ein Bräutigam aus Leipzig auf dem Markusplatz seine Braut auf die Schultern küsst. Und jetzt ist es schon so normal, dass wir einander übersehen. Vielleicht war das der Sinn der Wiedervereinigung.

Der Italiener empfand dieses Fremdeln immer als eigentümlich. Es war ihm schon damals aufgefallen, als wir uns kennen lernten. Bei einem unserer Telefonate fragte mich der Italiener, ob ich wegen der Ereignisse in der DDR bewegt sei, er habe die Bilder im italienischen Fernsehen gesehen, es sei doch sensationell, was da passiere, diese Demonstrationen, unfassbar, und er vermutete, dass jetzt alle Deutschen weinten. Und ich sagte: So ein Quatsch.

Ich saß auf meinem Klappsofa, verfolgte aus den Augenwinkeln die Abendnachrichten und erklärte dem Italiener, dass mich die DDR zeitlebens so wenig interessiert habe wie die Schweiz. Die einen kleben an der Neutralität, die anderen am Sozialismus, sagte ich. Die DDR, das sei für mich die sechziger Jahre auf ewig, alte Männer mit Kassenbrillen und Strohhütchen, sächselnde Vopos und Fähnchen schwenkende FDJler, die *Kampfreserve der Partei*. Die Wiedervereinigung werde lediglich von unbelehrbaren CDU-Politikern gefordert, von bedauerlichen Fossilien der Nachkriegszeit, mit wenig Einsicht in historische Notwendigkeiten. Ich persönlich wollte nicht wiedervereinigt werden. Oder wenn schon wiedervereinigt, dann möchte ich mir selbst aussuchen, mit welchem Land. Ich wäre gerne mit Polen wiedervereinigt worden. Oder mit Ungarn. Aber nicht mit der DDR.

Und der Italiener sagte: Aber ihr seid doch alle Deutsche.

Er war der Meinung, dass wir wieder zusammenkommen müssten, und es klang so, als handele es sich nicht um Deutschland, sondern um zwei Kinder, die sich gestritten haben und die sich nun vor der Klasse wieder die Hand reichen sollten.

Hm, sagte ich etwas zerstreut, denn ich glaubte plötzlich gehört zu haben, wie Schabowski in der Tagesschau den DDR-Bürgern die Reisefreiheit versprach. Ich sagte: Ich muss jetzt mal kurz auflegen, ich rufe dich später wieder an, und kurz danach sah ich, wie die Menschen die Grenze überrannten, wie sie über die Mauer stiegen und sich gegenseitig dabei die Hand reichten, wie sie sich umarmten und weinten. Noch bevor ich weiter auf meinem Standpunkt hatte beharrten können, war die DDR untergegangen.

Am nächsten Tag kam der Italiener wieder nach Hamburg. Wir beschlossen, nach Berlin zu fahren. Auch wenn der Untergang der DDR nicht in mein Ressort fiel. Auch wenn die DDR mir immer gleichgültig gewesen war. Auch wenn die DDR voller Kassenbrillen und alten Männern mit Strohhütchen war. Ich musste an die Mauer. Wir fuhren aus Hamburg über die Grenze bei Helmstedt, wo Vopos erst unsere Pässe kontrollierten und sie auf eine Art Fließband legten, welches sie sehr langsam zum nächsten Kontrollpunkt transportierte – eine Installation, die den Italiener tief beeindruckte. Das sollte man auf der Biennale zeigen!, sagte er.

Während der ganzen Fahrt war ich aufgewühlt, und ich schämte mich dafür. Mir war, als hätte ich mich dabei ertappt, von einer Rede Helmut Kohls ergriffen gewesen zu sein. Der Anblick der Vopos mit ihren Schirmmützen hatte mich bewegt, das an einer Autobahnbrücke hängende Banner *Werkzeugmaschinenkombinat »7. Oktober« grüßt alle Werktätigen* ging mir ans Herz, und die Menschen, die aus ihren Trabbis winkten, rührten mich. Es ist mir peinlich, sagte ich dem Italiener, und der Italiener fragte: Warum? Es sei doch völlig normal, aufgewühlt zu sein. Wenn ein Land, das fast dreißig Jahre geteilt gewesen sei, jetzt wieder zueinander fände, sei das so, als würde eine lange voneinander getrennte Familie endlich wieder zueinander finden. Wenn Italien so lange geteilt gewesen wäre, dann würde man an einem solchen Tag in einem Meer von Tränen schwimmen. Ich beharrte dann noch darauf, dass ich garantiert nicht mit der DDR verwandt sei und dass ich nicht wüsste, warum wir zueinander finden sollten, bei

Italienern sei das anders, Italiener würden ja schon bei jeder Kleinigkeit losheulen, und dann kamen wir in Berlin an. Der Verkehr war zusammengebrochen, es war wie Fußballweltmeisterschaftssieg und sechs Richtige für alle, noch nie hatte ich die Deutschen so erlebt, so taumelnd, so überschäumend, so glücklich, und ich war kurz davor, zu heulen, und hoffte nur, dass der Italiener es nicht merken würde.

Wir liefen an der Mauer entlang und sahen Tausenden von Menschen zu, die gegen die Mauer hämmerten. Gegen diese entfesselten Berliner wirkten selbst die Neapolitaner schwermütig, befand der Italiener. Zu Fuß gingen wir bis nach Charlottenburg zurück, bis zum Savigny-Platz, der voller betrunkener, sich umarmender, sich nach langer Trennung wiederfindender Menschen war. Mit Mühe ergatterten wir einen freien Platz in einem Restaurant, und ich fühlte mich bereits so sehr mit der DDR verwandt, dass ich den Versuch machte, meine Ergriffenheit mit einem Mann vom Nebentisch zu teilen. Er trug ein kariertes Flanellhemd, aus dem ich schloss, dass er aus Ostberlin stammte. Ich gestand ihm, wie sehr es mich beschäme, dass mir die DDR bis vor kurzem gleichgültig gewesen sei, ich vertraute ihm an, dass ich meine Unkenntnis bereute, ich sagte, dass es ein großes Glück für uns sei, diese historische Stunde der Wiedervereinigung erleben zu dürfen, Zeugen zu sein, dass Geschichte nicht immer nur die Wiederkehr des Ewiggleichen, sondern auch Fortschritt, Erkenntnis, Erleuchtung hervorbringen könne, dass wir uns als Auserwählte fühlen dürften, nun endlich zusammen an einem

Tisch sitzen zu können, und dann sagte er: Wiesondett? Ick wohne doch umde Ecke, hier trink ick doch imma mein Bier, ey.

Das nächste Mal trafen der Italiener und ich uns in Paris. Ich hatte das Glück, ein Interview mit einem Cognac-Hersteller führen zu dürfen. Ein doppeltes Glück – angesichts der Gewissheit, dass zu viel geschrieben wurde. Und angesichts der Tatsache, dass, wenn überhaupt etwas geschrieben wurde, nur über den soeben erfolgten Untergang der DDR geschrieben wurde. Nun also Cognac. Mein Ressortleiter regte an, Fragen zu stellen wie: Warum soll der Mensch Cognac trinken, wenn es doch Wasser genauso tut? Oder: Haben Sie nie mit dem Gedanken gespielt, mit dem Cognac Schluss zu machen? Oder: Werden Ihre Söhne ihr Leben auch dem Cognac widmen? Wie fühlen Sie sich, wenn Sie Cognac trinken? Gilt es als verwerflich, Cognac im Kaffee zu trinken?

Der Italiener und ich trafen uns unweit des Boulevard Montparnasse in einem kleinen Hotel. Er hatte mir eine Flasche englisches Parfüm mitgebracht, Floris, es roch nach Nelken und erinnerte mich an die Zahnarztbesuche meiner Kindheit, aber er war verrückt danach, und ich sprühte mich von Kopf bis Fuß damit ein. Wir liefen durch ganz Paris zu Fuß. Durch den Jardin du Luxembourg, das Quartier Latin, die Tuilerien, und ich war verliebt und roch, als hätte man mich gerade mit Nelkenöl desinfiziert. Und der Italiener hatte völlig die Orientierung verloren, er wusste nie, woher er kam und wohin er ging, die zweite rechts oder die erste links, egal. Er wäre nie auf die Idee gekommen, nach dem Weg zu fragen, und tat immer so, als würde er wie eine Brieftaube von einem Magnetfeld gelenkt, aber ohne mich wäre er verloren gewesen.

Ich fragte den Cognac-Hersteller: Warum soll der Mensch Cognac trinken, wenn es doch Wasser genauso tut? Haben Sie nie mit dem Gedanken gespielt, mit dem Cognac Schluss zu machen? Und: Werden Ihre Söhne ihr Leben auch dem Cognac widmen? Und der Cognac-Hersteller sagte, dass diese Fragen ganz außergewöhnliche Fragen seien, bemerkenswerte, lehrreiche, interessante Fragen, Fragen, die ihm so, in dieser Form, noch nie gestellt worden seien, und dann dachte er sehr lange nach und sagte, dass sein Cognac der beste der Welt sei, und dass er nie Wasser trinken würde, und schon war das Interview vorbei. Und ich konnte endlich wieder im Café de Flore sitzen, wo der Italiener auf mich gewartet hatte. Und von neuem freuten wir uns über die Vorhersehung, die uns zueinander geführt hatte, und beschworen die ewige Liebe bei Kir Royal, dem einzigen Getränk, das der Italiener außer Tee und Champagner gefahrlos zu sich nehmen konnte.

Wir fragten uns nie, wie es weitergehen würde, weil wir wussten, dass es einfach weitergehen würde. Ich empfand es als große Erleichterung, nicht über DIE BEZIEHUNG reden zu müssen. Der Italiener hätte das Wort gar nicht verstanden. Beziehung? Was für eine Beziehung? Venedigs Handelsbeziehungen? Er hatte Angst vor Tomaten, aber keine Bindungsängste, deshalb sagte er auch nicht, dass er sich DAS OFFEN HALTEN MÖCHTE oder NOCH NICHT SO WEIT SEI. Wir waren einfach nur glücklich darüber, uns gefunden zu haben, und liefen an der Seine entlang, die braungelb in eine Richtung floss und des Italieners Vorstellungen von Wasser noch weniger entsprach als die Elbe, die wenigstens über Anzeichen von Ebbe und Flut verfügte.

Ich mochte seine Art, eine Straße zu überqueren. So bestimmt sein Gang war, so fahrig wurde er, wenn es galt, eine Straße zu passieren. Im Straßenverkehr wirkte der Venezianer verloren wie ein Massai, der eben noch in der Savanne gejagt hatte und nun daran scheiterte, den Boulevard Raspail auf der Höhe der Rue Sainte-Beuve zu überqueren. Er blickte nicht wie jeder Mensch zuerst nach links und dann nach rechts, er blickte nach rechts und dann wieder hinter sich, er schritt nicht zügig auf die andere Seite, sondern machte zwei Schritte vor und zwei zurück, er wurde von Panik ergriffen und kehrte wieder auf den sicheren Gehsteig zurück – mich mit sich zerrend, weil er plötzlich befürchtete, die Geschwindigkeit des herannahenden Autos unterschätzt zu haben. Nie konnte ich mit ihm eine Straße bei Rot überqueren.

Wenn er im Taxi saß, wirkte er wie ein gefangenes Tier, das nur auf die erstbeste Gelegenheit lauert, seinem Käfig zu entkommen. Es machte ihn unruhig, sich dem Rhythmus eines Autos zu unterwerfen.

Sechzig Tage verbringe der Durchschnittsmensch im Jahr im Auto, sagte der Italiener, das müsse man sich vorstellen: Sechzig Tage Lebenszeit vergingen für nichts! Ich hatte nie darüber nachgedacht, wie es wäre, in einer Welt ohne Straßenverkehr zu leben, ohne Zebrastreifen zu überqueren, ohne einen Parkplatz zu suchen, ohne an einer Ampel zu warten. Ein Leben ohne Stau. Offenbar waren die Veneziarner ein Volk, das es fertig brachte, mitten in der Moderne zu leben und sich ihr dabei gleichzeitig zu verweigern. Schon erging sich der Italiener in einem Lob der venezianischen Lebensweise. Er pries seine Stadt, wo man einfach zu Fuß ginge, wenn man ein Vaporetto verpasse, wo man noch den aufrechten Gang pflege, Vorteile, die er mir gegenüber allerdings nicht einfach rühmen wolle, sondern in deren Genuss ich selbst kommen würde, wenn ich erst in Venedig lebte, was hoffentlich bald der Fall sei.

Die nächste Reise machten wir in das Ruhrgebiet, auch mit der Absicht, die familiären Mädchenhändler-Befürchtungen zu zerstreuen. Der Italiener fand alles sehr interessant. Die Zechenruinen. Die Autobahnkreuze. Die Fußgängerzonen. Gewissermaßen ein Mestre, das nicht mehr aufhörte und das viel mehr Grün hatte, fand er. Was mir nichts sagte, denn ich kannte Mestre nicht, und er erklärte mir, dass Mestre Venedigs Industrievorort sei, der weitestgehend aus Petrochemieanlagen und Sozialbauten und Baumärkten bestehe, was ich als Vergleich zum Ruhrgebiet etwas beleidigend fand.

Zuerst stellte ich den Italiener meiner Mutter vor, ohne dabei viel Überzeugungsarbeit leisten zu müssen. Meine Mutter sah den Italiener, zog mich im Flur neben den Stromzähler und flüsterte: Ein wirklich netter Mann!

Der nächste Besuch galt meiner Großmutter. Bei ihr war die ganze Familie im Wohnzimmer versammelt, meine Tanten und Onkel, meine Cousins und Cousinen mitsamt ihren

Ehefrauen und Ehemännern. Alle rauchten und warteten voller Neugier auf den Italiener. Der keineswegs der erste Ausländer in unserer Familie war. Ein Cousin hatte eine Französin geheiratet. Seitdem aß man in meiner Familie Schnecken. Als wir die Wohnung betraten, hing der Rauch bereits sehr tief, knapp unter den Lampen des Wohnzimmertisches. Meine Großmutter hatte Schnittchen mit Tomaten und Mettbrötchen mit Zwiebeln vorbereitet und dem Italiener erst die Tomatenschnittchen, dann Bier und Schnaps angeboten, was dieser dankend ablehnte und stattdessen nach einem Tee verlangte, mit Milch. Alle redeten wie gewohnt durcheinander, wobei sie von dem Italiener in der dritten Person sprachen: Hat er denn schon etwas gegessen? Spricht er denn gar kein Deutsch? War er denn noch nie im Ruhrgebiet? Wohnt er denn wirklich im Wasser?

Niemand aus meiner Familie war je nach Venedig gereist, selbst der weit gereiste Onkel Oskar nicht, der nicht nur Mallorca kannte, sondern sogar die türkische Südküste. Die Frau eines Cousins hatte es immerhin bis an den Gardasee geschafft – was sie verleitete, plötzlich einen italienischen Exfreund zu gestehen, den sie dort immer besucht habe. Sie erinnerte sich an seine Augen und an seine dunklen Haare und daran, dass er etwas kleiner gewesen sei als sie, was ihr aber gar nichts ausgemacht habe, weil er sie immer zum Lachen gebracht hätte, schon morgens beim Frühstück habe sie mit ihm gelacht, mit ihm hätte sie sich schon eine längere Beziehung vorstellen können, aber dann sei das Ganze an der Entfernung gescheitert, und eigentlich habe sie schon lange nicht mehr an ihn gedacht, nur jetzt, wo sie einem Italiener gegenübersitze, sei er ihr wieder eingefallen, eigenartigerweise. Und während sie sprach, starrte ihr Mann sie schweigend an.

Daraufhin begann die Frau eines anderen Cousins von ihrem letzten Italienurlaub zu schwärmen und von ihrem Traum, einen Sprachkurs in Italien zu absolvieren, am liebsten in der Toskana. Demnächst würde sie an der Volkshochschule einen Kurs besuchen: *Italienisch für Anfänger*, damit sie sich das nächste Mal, wenn sie den Italiener an meiner Seite sähe, auch mit ihm unterhalten könne. Und ihr Mann sagte: Gestern wolltest du noch Spanisch lernen.

Meine Großmutter kannte weder Italien noch Venedig, sondern nur Ostpreußen und das Ruhrgebiet. Und Frankreich, wohin sie zu der Hochzeit meines Cousins gereist war. In das Loiretal. Bei der Weinprobe am Tag vor der Hochzeit hatte meine Großmutter es nicht übers Herz gebracht, den Wein auf den Boden des Weinkellers zu gießen, geschweige denn zu spucken. Am Ende hatte sie mit dem Weinbauern Bruderschaft getrunken und *So ein Tag, so wunderschön wie heute* gesungen, was sie sehr für Frankreich eingenommen hatte. So ähnlich stellte sie es sich auch in Venedig vor, vielleicht etwas romantischer. Wenn es überhaupt eine Stadt der Liebe gebe, dann Venedig, sagte meine Großmutter. Diese Einschätzung wurde von allen anwesenden Tanten und besonders von den Frauen meiner Cousins geteilt. Die Tatsache, dass ich mich in einen Venezianer verliebt habe, sei der beste Beweis dafür.

Meine Onkel und meine Cousins hingegen gaben sich

von der Liebe nicht geschlagen. Schließlich befand sich Venedig nicht nur im Ausland, sondern auch mitten im Wasser. Wenngleich sie auch bei dem Versuch scheiterten, sich vorzustellen, wie es sei, mitten im Wasser zu wohnen, hielten sie es auf jeden Fall für eine schlechte Idee. Sie wussten, wie es sich anfühlt, unter Tage zu leben, aber mitten im Wasser? Man macht das Fenster auf und blickt auf Wasser?

Insgeheim sahen es meine Onkel als Armutszeugnis an, dass Venedig über Jahrhunderte nichts Ernsthaftes gegen das Wasser unternommen hatte. Das kann nicht gut gehen, sagte Onkel Helmut, der sein Eigenheim ohne fremde Hilfe gebaut hatte und sich sogar mit Bergschäden auskannte. Schließlich sei bekannt, dass Venedig im Meer versinke. Man hätte die Stadt längst trockenlegen können, sagte mein Onkel, der auch mit Schwamm im Mauerwerk bereits Erfahrungen gemacht hatte.

Und Onkel Erich zog einen Vergleich zwischen dem Wasser in Venedig und dem Unkraut im Garten seines Nachbarn: Der Nachbar bezeichne das Unkraut nicht mehr als Unkraut, sondern als Wildkräuter, weshalb er nichts dagegen unternehme. Die einen nennen das Hochwasser, die anderen Romantik, sagte er. So einfach sei das.

Ich versuchte all das dem Italiener zu übersetzen, die Romantik und das Italienisch für Anfänger und suchte lange nach dem richtigen Wort für Wildkräuter, *herba selvatica*, aber der Italiener verstand nicht, was die Wildkräuter mit dem Wasser zu tun hätten. Das war der Augenblick, in dem meine Großmutter noch ein paar Käsehäppchen und Erdbeerbowle in das Wohnzimmer trug und sich die Aufmerksamkeit vorübergehend von dem Italiener abwendete. Bis meine Großmutter über den Tisch hinweg rief: Hat er denn überhaupt ein Auto? Meine Mutter fand die Frage taktlos und versuchte, ihr unter dem Tisch gegen das Schienbein zu treten. Aber meine Großmutter sagte nur: Wieso, das wird man doch wohl noch fragen dürfen. Bei einem Venezianer.

Das Orchester des Florian spielt erst die Tritsch-Tratsch-Polka, und dann einen Walzer, als das Hochzeitspaar bereits in der Ferne Richtung Piazzetta verschwunden ist. Der Walzer ermutigt einige Touristen dazu, stehen zu bleiben und mitzuklatschen. Überall auf der Welt finde ich Kaffeehausorchester traurig, nur nicht auf dem Markusplatz. Denn hier sind sie zu Stars aufgestiegen. Bei jedem Stück, das sich zum Mitklatschen eignet, bildet sich sofort eine kleine Wolke applaudierender, hüpfender, tanzender, sich in den Armen liegender Touristen vor der Kaffeehausterrasse. Sogar rastalockige Jungen, die ihre Haare in einem Häkelpuff spazieren tragen, tun so, als könnten sie Walzer tanzen. Bei so viel Publikum fühlt sich der Akkordeonist geehrt und spielt ein Solo, er reißt sein Akkordeon hoch in die Luft, schiebt es im Flug wieder zusammen, dreht sich und wirbelt um die eigene Achse, und als er sich unter Applaus verbeugt, fällt ihm eine seiner geölten Haarlocken in die Stirn, er wirft Kusshände in das Publikum, ganz so, als sei nun für ihn der Moment gekommen, sich zu verabschieden, wieder in sein Jahrhundert zurückzukehren wie ein Geist aus der Flasche.

Die Markuskirche glänzt wie eine goldverzierte Schmuckschatulle, und die geflügelten Löwen auf der Spitze der Fahnenmasten funkeln im Abendlicht. Alles sieht aus, als sei es in Bewegung, als sei das graue Pflaster aus Travertin ein fliegender Teppich, als würden die Kuppeln in den Himmel aufsteigen und die kleinen goldenen Löwen durch die Luft flirren. Einzig der Campanile stört in diesem Wunderwerk, zu starr, zu statisch steht er da, und wäre ich Doge, würde ich ihn entfernen lassen.

In Venedig gehörten dem Venezianer seine Schritte wieder. Er hatte sich in Paris verlaufen und in Hamburg verlaufen, nur in Venedig verlief er sich nie, er kürzte Wege ab und spürte Verbindungen zwischen Gassen auf, sein innerer Kompass enttäuschte ihn nie. Nur ich wusste nie, wo ich war. Denn ich weigerte mich, einen Stadtplan zu benutzen. Nur Touristen benutzten Stadtpläne. Ich versuchte, mich so zu bewegen wie der Venezianer, der durch seine Stadt glitt wie durch das Innenfutter eines Mantels. Ich war darauf angewiesen, ihm zu folgen, wobei ich versuchte, mich an den Auslagen der Schaufenster zu orientieren, was allerdings nur bis Geschäftsschluss funktionierte, danach waren sie mit eisernen Rollläden verhängt. Irgendwann gab ich es auf, gegen das Labyrinth zu kämpfen, und versuchte mich treiben zu lassen, wie ein trockenes Blatt im Kanal, sechs Stunden in die eine Richtung, sechs Stunden in die andere Richtung.

Anders als ich, die sich durch die Stadt wie durch ein Weltwunder bewegte, mit so zögerlichen Schritten, als löste sich das Wunder im Nichts auf, wenn ich zu fest auftrat, lief der Venezianer durch seine Stadt wie durch eine Wohnung mit Korridoren und Salons, ganz so, als befände er sich immer drinnen, nie draußen, in einer Wohnung mit Prunkgemächern und Fremdenzimmern, mit Kabinetten und Boudoirs, mit Gesellschaftsräumen und Abstellkammern, *chambres séparées* und heiligen Hallen, in einer Wohnung, in der es Vitrinen mit Kristallgläsern gab, Chaiselongues und Samtvorhänge und Stellen, an denen die Tapete einfach von der Wand fiel.

Der Italiener trank mit mir heiße Schokolade im Florian und führte mich zu der Stelle an den Zattere, wo er als Junge durch den Giudecca-Kanal geschwommen war, er zeigte mir auf San Giorgio seine ehemalige Schule, jenen Ort der Finsternis, wo ihm die Nonnen seine linke Hand, die Hand des Teufels, auf dem Rücken festgebunden hatten, damit er lernte, mit der rechten zu schreiben. Er machte mich auf eine schmiedeeiserne Spinne unter den Arkaden am Markusplatz aufmerksam, die sonst kein Mensch bemerkte, er übersetzte für mich aus dem Venezianischen, jener Sprache, aus der die Jahrhunderte jeden harten Konsonanten herausgewaschen hatten und die in meinen Ohren klang wie eine Sprache ohne Knochen, er erklärte mir die

Bleiverglasung der Fenster im Dogenpalast und machte mich darauf aufmerksam, dass keine der Säulen der Markuskirche einer anderen gleiche, auch wenn sie aus dem selben Stein gehauen sei, und er sprach über die verschiedenen Qualitäten von Alabaster und Serpentin, von Trachyt und rotem Porphyr so beiläufig, als handele es sich um das Streichen einer Raufasertapete.

Mich überraschte die Selbstverständlichkeit, mit der er sich durch die Jahrhunderte bewegte. Er spottete über den schlechten Geschmack des neunzehnten Jahrhunderts mitsamt seinem Hang zum Neugotischen sowie der Mode, überall Erker anzukleben, eine Mode, mit der man viele Palazzi zu Tode modernisiert habe. Wenn er sich über Napoleon beklagte, der all die marmornen Löwen auf den Balkonbrüstungen habe abschlagen lassen, dann klang er, als sei Napoleon erst gestern durch Venedig gezogen, und ich, die ich im Ruhrgebiet aufgewachsen war, wo außer einer neugotischen Kirche nichts älter war als ich, war beeindruckt und neidisch zugleich.

Er zeigte mir auch ein Spiel, das er wie alle venezianischen Kinder gespielt hatte, an einer Säule am Dogenpalast, die vierte von links ist es, wenn man San Giorgio den Rücken kehrt. Die Säule steht etwas weiter heraus als die anderen, und wenn man mit dem Rücken an die Säule gepresst versucht, mit ausgebreiteten Armen um sie herumzugleiten – breitbeinig und sich vergeblich bemühend, sich an ihr festzuhalten –, dann fällt man unweigerlich, nicht in den Abgrund, sondern nur über eine kleine Marmorstufe, auf der die Säulenreihe steht. Und eines Nachts, als wir wieder am Dogenpalast vorbeikamen und das Spiel spielten, da fiel der Venezianer herunter, und ich schaffte es, mich an der Säule entlangzuwinden, ohne mit dem Fuß abzurutschen. Da kannten wir uns erst seit ein paar Wochen. Und als ich wieder nach Hamburg zurückgekehrt war, sagte er zu mir am Telefon: Ich habe eine Wohnung für uns gefunden, und ich sagte: Ja.

3.

Über die Piazza hat sich spätsommerlicher Dunst gesenkt, ein Schleier, hinter dem die Dinge ihre starre Pose ablegen, in den Marmorbögen neigen sich die Häupter der Giganten, die Säulenkapitelle strecken sich, es ist der Augenblick, in dem sich selbst die Heiligen hingeben und der Platz beginnt, ruhiger zu atmen. Die Wolkenstores in den Arkaden werden hochgezogen, und ein kleines, dickes Mädchen springt in einen Taubenschwarm und tritt um sich, was die Tauben jedoch nicht ernst nehmen. Sie vergeuden nicht mal ihre übliche Schreckhaftigkeit, sondern tun so, als seien sie Glucken, gemächlich picken sie, gurren, scharren, als sei der Markusplatz kein Weltwunder, sondern nichts anderes als ein gigantischer Hühnerhof.

Vor dem blassen Himmel wirkt der Marmor der Prokuratien so rußschwarz, als führen auf der Piazza tagtäglich Millionen von Autos vorbei, nur eine Ecke des Napoleonischen Flügels leuchtet auch im Schatten schneeweiß und lässt den Rest umso schwärzer erscheinen. Manchmal sehe ich Restauratoren über die Piazza laufen, weiß gekleidet wie Chirurgen, die gerade eine Hauptschlagader abgeklemmt und eine Bauchdecke vernäht haben, an einem Gummiband um ihren Hals hängen noch Atemmasken. Vor dem Campanile steht ein Bauzaun, das Erzbischöfliche Palais ist verbarrikadiert, der linke Flügel der Markuskirche ist hinter einem Baugerüst verborgen, und den Uhrenturm habe ich seit Jahren nicht mehr gesehen, weil ihn ein Baugerüst versteckt, auf dem mal der Eiffelturm, mal Big Ben, mal der schiefe Turm von Pisa abgebildet ist, was für einen venezianischen Renaissance-Uhrenturm kränkend ist. Ich kann mich nicht daran erinnern, die Piazza jemals ohne einen Bauzaun gesehen zu haben, wie überhaupt ganz Venedig nichts anderes ist als eine einzige, immer währende Baustelle. Was für den Italiener an meiner Seite im Übrigen völlig natürlich ist, und nicht nur das, seit jenem Augenblick, als er mich zu der Wohnung führte, die er für uns gefunden hatte, habe ich ihn im Verdacht, Baustellen zu lieben, den Geruch von Mörtel und von frischem Putz.

Wir betraten eine dunkle, leicht feucht wirkende Gasse, an deren Ende sich ein großes Holzportal befand. Dahinter war Licht, ein heller Innenhof, in dessen Mitte ein Brunnen stand, dahinter ein schmaler Palazzo. Während wir den Innenhof durchquerten, warnte mich der Italiener: Die Wohnung sei noch eine Baustelle, sagte er, oder besser: Sie sei noch keine Baustelle. Erst müsse beseitigt werden, was ein venezianischer Architekt verbrochen habe: eine Renovierung mit Rigipsplatten über Marmorkapitellen und mit Stahlzementplatten! Der Italiener fügte hinzu, dass der venezianische Architekt die Arbeiten für eine Baufirma aus Padua erledigt habe, wobei er so verächtlich klang, als spreche er von einem Auftragsmörder. Rigips! Stahlzement!

Die Wohnung befand sich im *piano nobile*, der Adelsetage dieses Palazzos, der bis vor wenigen Jahren noch unter Denkmalschutz gestanden hatte. Der Italiener erinnerte sich noch daran, dass eine Signora im Piano Nobile gewohnt habe, inmitten von Fresken an den Wänden. Aber dann habe eine Immobilienfirma vom Festland die Wohnung gekauft, und plötzlich habe der Palazzo nicht mehr unter Denkmalschutz gestanden und sei auch nicht mehr mit Fresken geschmückt gewesen, sondern in Ferienwohnungen aufgeteilt worden. Einzig der Grundriss des Salons im Piano Nobile sei unverändert geblieben.

Sechzehntes Jahrhundert, sagte er, wobei sein Ton keinen Zweifel darüber ließ, dass er das sechzehnte für eines der wenigen ernst zu nehmenden Jahrhunderte hielt, anders als das achtzehnte, dem gegenüber er sich nachsichtig verhielt wie gegenüber einem etwas leichtlebigen Mädchen, anders als das beklagenswerte neunzehnte Jahrhundert und anders als die Gegenwart, über die er schwieg wie über ein missratenes Kind.

Die Familie des Bischofs Zen habe diesen Palazzo errichtet. Der Italiener sprach den Namen des Bischofs in jenem Ton aus, in dem die Venezianer auch über fünfhundert Jahre zurückliegende Seeschlachten sprechen, als hätten sie gestern stattgefunden. Erst auf meine Nachfrage erläuterte er, dass Bischof Zen jener Bischof gewesen sei, der die bronzene Quadriga aus Byzanz nach Venedig habe bringen lassen, unten im Eingang sei das Familienwappen noch zu sehen, und als ich hinter dem Italiener herging, fühlte ich mich, als beträte ich eine Kirche. Andächtig stieg ich die Stufen der Marmortreppe herauf, Stufen, die unter den Schritten blank poliert worden waren, behutsam setzte ich meinen Fuß auf Marmorrosetten, und schon war mir, als rieche es in diesem Flur nach Myrrhe und Weihrauch.

Der Italiener öffnete die Tür. Dahinter lag eine Ruine. Eine Ruine voller Zementsäcke, Mörtelpfannen, Holzlatten, in denen rostige Nägel steckten, Sandhaufen und Plastikrohre. Ich bahnte mir durch die Schutthalden den Weg zu einem kleinen schmalen Marmorbalkon, der über einem Kanal schwebte. Unter uns fuhren Gondeln vorbei, Gondeln, in denen Touristen saßen, ich hörte, wie der Gondoliere eine Geschichte erfand über eine schwedische Königin, die in diesem Palazzo gelebt hätte, was die Touristen so begeisterte, dass sie uns zuwinkten und uns fotografierten, und ich winkte zurück wie eine Königin, weil ich sie nicht enttäuschen wollte.

Ich trat von dem Balkon wieder in den Salon und versuchte, mir unter den Trümmern eine Wohnung vorzustellen. Aber es gelang mir nicht. Ich sah nichts anderes als zerbrochene Kacheln und modrige Holzbalken. Und den Italiener an meiner Seite, der von dem Palazzo sprach wie von einem lebendigen Wesen. Einem Wesen, das krank war und das er retten wollte. Er zog mich weiter durch die Wohnung und zeigte mir, welche Wände abgerissen werden sollten, wo Wände, eine Zwischenetage und eine neue Treppe entstehen sollten, wo Elektroleitungen und Heizungsrohre neu verlegt werden müssten, welche Pilaster und Marmorkapitelle über den Türen wieder freigelegt würden, wie der Terrazzoboden an den Rändern ausgebessert werden könnte. Und während wir über aus den Wänden gerissene Waschbecken und Heizkörper und über aus der Wand gebrochene Rohre stiegen, da dachte ich an meinen weiß gestrichenen Papierkorb und an mein Klappsofa und an die Weite, an der mein Einzimmerappartement gewonnen hatte, nachdem ich eine weiße Decke über das geblümte Klappsofa gelegt hatte.

Der Venezianer verlor sich in Marmorsorten, deren Namen wie Adelstitel oder wie militärische Ränge klangen, *Arabescato Orobico Rosso*, *Pavonazzo*, *Verde Alpi*, er erörterte Korngrößen und Marmorvenen, er erläuterte den Plan, die Weite des Salons zu unterbrechen durch den Einbau eines in venezianischen Palazzi üblichen *teatrino*, und rühmte den Terrazzoboden, der sich erhalten habe, ganz so wie jener in den Villen von Pompeji. Er hob die Notwendigkeit eines Alkovens hervor, kein venezianischer Palazzo käme ohne Alkoven aus, und machte auf die Schwierigkeit aufmerksam, einen Dekorateur zu finden, der in der Lage sei, falschen Marmor zu malen, *Finto Rosso Verona*, von einem Stuckateur ganz zu schweigen, denn Stuck müsse her, wenn die Fresken schon gestohlen worden seien – und während er über den Palazzo sprach, klang der Italiener wie ein Arzt, der über die Ergebnisse der Röntgenaufnahmen seines Patienten spricht, eines Patienten, den alle anderen

Ärzte bereits aufgegeben hatten, und ich merkte, wie ich unruhig wurde.

Unten im Kanal wurde zu *Nel blu, dipinto di blu* mitgeklatscht, auf meine Schuhe hatte sich weißer Staub gelegt, und der Italiener an meiner Seite bedauerte, dass es in der Stadt keinen *maestro decoratore* mehr gab, ein Handwerksmeister, der sich auf jede Eigentümlichkeit der venezianischen Palazzi verstand, einer, der mit einer ganzen Truppe von Fachmännern kam, mit Stuckateurspezialisten und Marmorkoryphäen, mit Schreinermeistern und Stuckmarmorautoritäten. Mit Terrazzobodenkapazitäten und Experten der Wandmalerei. Einer der wisse, wozu ein *teatrino* in einem Palazzo diene, und genau diese Frage stellte ich jetzt: Ein kleines Theater, gewiss, aber wozu? Der Italiener antwortete, indem er sagte, dass ein *teatrino* ein *teatrino* sei. Es ist seine Eigenart, Dinge zu erklären, indem er das unbekannte Wort einfach wiederholt. Ein *teatrino* ist ein *teatrino*. Ein kleines Theater, welches besonders im achtzehnten Jahrhundert in venezianischen Salons beliebt gewesen sei, eine Bühne mitten im Salon, auf der ein kleines Kammerorchester spielte. Hintergrundmusik. Damit fing es an.

Kurz danach zog ich nach Venedig, zu dem Venezianer. Provisorisch, denn die Ruine war noch nicht bewohnbar. Monatelang machten die Handwerker nichts anderes, als die bereits erfolgten Renovierungsarbeiten zu beseitigen. Frachtkähne transportierten die Zementplatten ab, die im Boden des *salotto* gesteckt hatten, die nie benutzten Waschbecken, die Klimaanlagen, die nie gekühlt hatten, die Wasserrohre und Elektroleitungen, die ins Nichts führten. Wenn ich die Baustelle betrat, fühlte ich mich wie bei einem Krankenbesuch. Er kommt ganz langsam wieder zu sich, sagte der Italiener und meinte den Palazzo. Der Patient atmete flach, hatte kaum Reflexe und musste künstlich ernährt werden. Und dann erzählte der Italiener mir, dass der venezianische Architekt im Aufzug des Palazzos stecken geblieben sei, nachdem er eine Wohnung besichtigt habe. Man habe ihn erst Stunden später gefunden, nachdem seine Frau nach ihm suchen ließ. Seither war auch ich davon überzeugt, dass dieser Palazzo lebte.

Am Ende eines Jahres befand sich der Palazzo in einem Zustand hoffnungsvoller Rekonvaleszenz. Jedenfalls zur Hälfte. Der Salon war immer noch eine Baugrube, aber die Badezimmer funktionierten, die Küche war kurz davor, und der *salotto* würde bald bewohnbar sein, wenngleich noch weit entfernt von seinem Endzustand, stuckverziert und verschönert durch einen Alkoven, der wie ein kleines Tempelchen in seiner Mitte thronen sollte – eine Notwendigkeit, die von mir ebenso erbittert wie folgenlos bekämpft wurde. Wenngleich sich meine handwerklichen Kenntnisse auf das Streichen von Papierkörben beschränkten, sah ich nicht ein, warum man einen Raum, der groß war, verkleinern sollte. Der Italiener an meiner Seite belächelte meinen Einwurf. Er tat so, als hätte ich vorgeschlagen, alle venezianischen Kanäle zu asphaltieren.

Als wir schließlich auf die Baustelle einzogen, prophezeite der Italiener das baldige Ende der Bauarbeiten. Ich müsse Geduld haben, *pazienza*, nur noch Kleinigkeiten seien zu erledigen, der Stuck im Salon, der Terrazzo, das Ausbessern des Marmorkapitelle, Nichtigkeiten wie Wandmalereien, etwas falscher Marmor, Blendsäulen, Gesimse, Rosetten, Säulenkapitelle, diverse Sopraporte und Voluten, eine gusseiserne Wendeltreppe müsse noch gegossen, Türklinken geschmiedet werden. Bagatellen.

Schreiner kamen, Elektriker, Klempner, Maurer. Manchmal drängten sich gleich drei verschiedene Handwerkertruppen im Salon, und oft kam tagelang niemand. Es gab Handwerker, die nur kurz blieben, andere blieben so lange, dass ich am Ende glaubte, mit ihnen verwandt zu sein. Der Elektriker Antonini sah aus wie eine Maus, mit kreisrunden, dunklen Augen, Augen, die an der Seite seines Schädels saßen und mit denen er seine Umgebung fotografierte. Seine Leidenschaft war sein Wohnwagen auf einem Campingplatz in Punta Sabbioni, ein Wohnwagen, von dem er schwärmte wie von einem Herrenhaus und in den bei Sommergewittern so regelmäßig der Blitz einschlug, dass die anderen Handwerker bei jedem Donnergrollen sagten: Keine Sorge, das geht alles über dem Wohnwagen von Antonini runter! Der Klempner Ricciarelli war ein Mann, den nichts aus seinem Gleichgewicht zu bringen vermochte und der mit Waschbecken, Bidets und Toilettenschüsseln genauso in Eintracht lebte wie mit den Menschen – anders als der Terrazzobodenrestaurator, mit dem ich keineswegs verwandt sein wollte, weil der eine so ungesund bläuliche Gesichtsfarbe hatte und sich stets unterdrückt wähnte, mal von Antonini, dessen Geschichten vom Wohnwagen er nicht mehr ertrug, mal vom Klempner, dessen Gleichmut ihn provozierte. Wenn er nicht mit ihnen wegen Nichtigkeiten zankte, etwa wegen eines im Weg liegenden Elektrokabels, dann sah er so entrückt über sie hinweg, als träume er von einem anderen Leben, in einem anderen Land, auf einem anderen Stern, in einer anderen Zeit. Oder der Schreiner Lorenzini. Er war weißhaarig, hatte stechend blaue Augen und Hände, die Baumstämme umfassen konnten, wobei an seiner Rechten, als Tribut an seine Profession, drei Finger fehlten. Er kam mit seinen beiden Söhnen, mit dem Schwager Gino und dem Bruder des Schwagers. Alle sahen aus, als seien sie aus Holz, einem sehr schönen Holz, leicht gemasert, hellbraun, die Söhne etwas glatter, Zypressenholz vielleicht, besonders im Sommer wirkte der Patriarch wie aus Olivenholz geschnitzt, sein Schwager Gino war klein und knorrig, eine Mooreiche mit einer sentimentalen Seele, man musste ihm nicht mal etwas besonders Trauriges erzählen, es reichte schon, ihn etwas zu rühren, etwa damit, dass man ihm gestand, keine Geschwister zu haben, schon fing er an zu weinen. Sein Schwager Gino sei derjenige, der auf Hochzeiten immer als Erster anfange zu weinen, seine Familie sei schon daran gewöhnt, sagte Lorenzo Lorenzini und schüttelte den Kopf. Lorenzo Lorenzinis Schwäche hingegen war der Gesang. Wenn er unten im Kanal die Gondelserenadensänger singen hörte, sang er mit, anders als die Gondelserenadensänger sang er jedoch mit Seele, und wenn er *La biondina in gondoleta* sang, konnte sein Schwager Gino nicht mehr weiterarbeiten, weil er vor lauter Tränen nichts mehr sah.

Die Schreiner Lorenzini schienen uns überhaupt nie mehr zu verlassen. Über die Dauer des Einbaus von Fenstern, Türen und Schränken hinweg hatte sich bereits eine enge verwandtschaftliche Beziehung zwischen uns ergeben, wir mussten am Firmenjubiläum teilnehmen und an der goldenen Hochzeit, wir wussten, dass sich der Chef Lorenzo Lorenzini nichts aus Kreuzfahrten machte, anders als seine Frau, die Patriarchin, wir wussten, dass die jüngste Tochter Ermelinda verzweifelt auf der Suche nach einem Bräutigam war, und wurden zur Hochzeit von Palmiro geladen, dem jüngsten Sohn von Lorenzo Lorenzini, der als hoffnungsloser Fall gegolten hatte und schließlich eine Frau heiratete, die aussah wie seine Mutter. Und weil wir praktisch mit ihnen verwandt waren, durfte ich auch nicht darüber klagen, dass die Schreinerarbeiten stets mit einer gewissen Wartezeit verbunden waren, denn regelmäßig verschwand ein Teil der Lorenzinis nach Moskau, wo ihr Parkett, ihre Fenster, Türen und Deckenvertäfelungen von Banken, Gemäldeakademien und Repräsentationssitzen erwartet wurden. Und der Italiener an meiner Seite sagte: *pazienza.*

Mir hätte ein bisschen weiße Farbe schon gereicht, sagte ich, aber der Italiener hörte mir gar nicht zu, sondern diskutierte mit den Lorenzinis, die gerade unvermutet in Mannschaftsstärke in unserem Salon angerückt waren, um den von ihnen gezimmerten Alkoven einzubauen und das *teatrino*. Sie legten Parkett und setzten Türen aus Fichtenholz ein, Türen, wie mir der Italiener erklärte, die später so gestrichen werden sollten, dass sie aussähen, als seien sie aus Nussbaum, und als ich fragte, warum wir die Türen nicht einfach lackieren könnten, statt zu warten, bis der Halbgott von Dekorateur für uns Zeit finden würde, um schließlich eine Holztür so zu streichen, dass sie aussehe wie eine andere Holztür, da betrachtete mich der Italiener so mitleidig wie eine amerikanische Touristin, die auf der Suche nach der Rinaldobrücke ist.

Auf den Dekorateur hatten wir so lange gewartet, dass ich an seine Existenz glaubte wie an die eines Zwischenwesens: Herrscher der Geduld, Vater der Träume. Er war einmal erschienen, um sich ein Bild von den Arbeiten zu machen, die er ausführen sollte. Ein blasser, gebeugter Mann mit dunklen Augen, der lautlos durch den Salon geglitten war und die Wände betrachtet hatte, das *teatrino*, den Alkoven, die Sopraporte, in die er falschen Marmor malen sollte, *Finto Rosso Verona*, die rohen Fichtenholztüren, die nur er in Nussbaumtüren zu verwandeln vermochte. Er war eine Stunde geblieben und hatte sich immer wieder setzen müssen. Meine Uhr funktioniert nicht richtig, hatte er schließlich gesagt. Ich komme erst wieder, wenn sie wieder richtig geht. Dann war er verschwunden.

Er hatte Herzprobleme, erfuhren wir. Er wartete auf ein Spenderherz. Deshalb konnte er nicht arbeiten. Monate später hörten wir, dass sich ein Herz für den Dekorateur gefunden hatte. Wir schöpften Hoffnung. Die Operation verlief erfolgreich. Die anderen Handwerker ließen uns an seinen gesundheitlichen Fortschritten teilhaben. Er sei zum ersten Mal aufgestanden, vertraute uns der Steinmetz an. Wir begannen zu hoffen. Langsam würde er sich daran gewöhnen, dass in seiner Brust das Herz eines Toten schlage, sagte Elektromeister Antonini und fügte hinzu: Allein wenn er versuche sich vorzustellen, wie das sei, beginne sein Herz bereits zu stolpern. Der Dekorateur kam in eine Rehabilitationsklinik. Die Gesundung schritt voran. Schreinermeister Lorenzini ließ uns wissen, dass der Dekorateur wieder nach Hause zurückgekehrt sei und erste kleine Spaziergänge mache. Monate später erfuhren wir vom Terrazzobodenleger, dass der Dekorateur großen Appetit habe, was eine Auswirkung des neuen Herzens sei, mit dem alten Herzen sei er zeitlebens ein schlechter Esser gewesen. Er sei nach der Herztransplantation zu einer anderen Person geworden. Verschwiegener. Verschlossener. Aber mit großem Appetit.

Als er endlich kam, empfing der Italiener an meiner Seite ihn wie einen Staatsgast. Der Dekorateur arbeitete mit seinem Sohn und sprach mit niemandem. Selbst seinem Sohn gab er nur kurze, geflüsterte Anweisungen. Er verwandelte die Fichtenholztüren in Nussbaumtüren. Er dekorierte das *teatrino*, er modellierte Stuckmarmor in die Sopraporte, er zeichnete Blumen in kleinen, sanften Tuschestrichen auf die Wände. Auf den Alkoven malte er einen Paradiesvogel, jenen aus dem Mosaik der Markuskirche, er malte ihn mit sehr viel Gold und Türkis. Wenn sein Sohn nicht da war, rauchte er. Er rauchte die Zigaretten nicht, er atmete sie. Morgens trank er in der Bar ein Glas Weißwein zum Wachwerden. Mittags trank er einen Rotwein zum Essen. Abends einen Spritz als Aperitif, bevor er nach Hause ging. Sein Sohn machte ihm Vorwürfe. Wenn der Vater leugnete, geraucht zu haben, roch der Sohn an seinen Fingern und schimpfte mit ihm, ganz leise und folgenlos. Unser Palazzo war der einzige, den er mit seinem neuen Herzen dekoriert hat. Danach ist er gestorben.

Da lebten wir bereits seit zwei Jahren auf der Baustelle. Ich stellte mir Fragen wie: Gibt es ein Leben nach der Baustelle? Gibt es Baustellen, die ewig sind? Gibt es die sich selbst verlängernde Baustelle? Baustellen, auf denen sogleich verfällt, was soeben erbaut wurde?

Ich habe das Gefühl zu verstauben, sagte ich zu dem Italiener.

Pazienza, sagte er, bald seien die Arbeiten beendet. Er verließ das Haus und begab sich in eine Welt ohne Kalkstaub, ohne Scharren, Wischen, Bohren. Ohne Rascheln und Knistern. Ich saß am Schreibtisch und hörte das Geräusch einer Bohrmaschine. Das *La biondina in gondoleta* des Schreinermeisters. Das nervöse Kichern des Elektromeisters Antonini. Das Schleifen eines Terrazzobodens, der sich schon in Pompeji bewährt hatte. Das kleine metallische Hämmern im Marmor. Der Steinmetz, der die Löcher in den marmornen Türrahmen und in den Marmorkapitellen wieder auffüllte, war ein schweigsamer Mann, den ich im Verdacht hatte, dem Alkohol verfallen zu sein, denn neben ihm standen immer zwei in Stanniol gewickelte Flaschen. Später entdeckte ich darin jedoch Ammoniakpaste in der einen und Vollmilch in der anderen Flasche, wonach der Marmor verlange, um wieder zu seiner ursprünglichen Farbe zurückzufinden, wie der Italiener erläuterte. Auch der Terrazzobodenleger führte immer eine in Packpapier gewickelte Flasche bei sich. Die war jedoch nicht für den Terrazzo gedacht.

Und dann war da noch der Stuckateur. Ein bedächtiger, dünner Mann mit Adamsapfel. Er kam mit einem kleinen, dicken Gehilfen und sah in unserem Salon seine Sixtinische Kapelle. Jahrelang standen in unserem Kühlschrank Einmachgläser mit Hasenleim. Und Einmachgläser mit flüssigem Eiweiß. Beides brauchte der Stuckateur für den Stuck. Und Marmorstaub. Und Kalkstaub. Viel Kalkstaub.

Es geschah so gut wie nie in Venedig, dass jemand dem Stuckateur den Auftrag gab, den gesamten Salon eines Palazzo mit Stuck zu verzieren, gewöhnlich besserte er nur vorhandenen Stuck aus, hier aber standen ihm alle Möglichkeiten offen – Girlanden, Lilienkelche, Blütenrispen. Lebensbäume, Mäander und Blendsäulen. Sich neigende, flatternde und ruhende Paradiesvögel. Geschuppte und gekerbte Blätter. Akanthusblätter, Blätter, die aussahen wie die einer Stechpalme. Blätter wie Federbüsche oder wie Wasserfontänen. Und Nymphenbüsten. Sie waren die einzigen Ornamente, bei denen der Italiener dem Stuckateur nicht traute. Schließlich stammte dieser vom Festland. Aus San Donà del Piave. Und bei allem Respekt für das Veneto bleibt der Venezianer doch stets von seiner kulturellen Überlegenheit überzeugt. Außerdem handelte es sich hier um ein Dekolleté, das Epochen überstehen müsste und keinen Moden unterworfen sein dürfte.

Der Italiener an meiner Seite begann nach einer würdigen Nymphe zu suchen, er konsultierte Folianten, Enzyklopädien der Ornamentik, Nachschlagewerke über die schonende Restaurierung venezianischer Stuckarbeiten aus der ersten Hälfte des *Settecento* sowie Handbücher über mythologische Wesen. Vergeblich. Die vorhandenen Nymphen waren entweder übergewichtig oder mongoloid. Schließlich besuchte er zusammen mit dem Stuckateur alle Palazzi, deren Stuckarbeiten besichtigenswert waren. Ca' Rezzonico. Das Ridotto Venier. Auch hier blieb die Suche erfolglos. Erst in einem Sonderdruck über den Palazzo Contarini, einem Sonderdruck, von dem sich ein Freund ungern getrennt hatte, fand der Italiener schließlich die einzige Nymphe, die ihm gefiel. Sie erwuchs dem Blätterwerk mit Engelsschwingen, geneigtem Halbprofil und mit Brüsten, die gleichsam schwebten. Ihr Kopf war in einer Muschel geborgen. Sie ist es, sagte er. Da arbeitete der Stuckateur bereits seit mehr als einem Jahr in unserem Salon.

Die Nymphe konnte nicht von einem Foto in die Wirklichkeit modelliert werden, sie musste leibhaftig ausfindig gemacht werden. Der Italiener wollte sie sehen, der Stuckateur wollte sie berühren, um ihre Proportionen zu beurteilen, die Engelsschwingen im Verhältnis zu den Brüsten, die Neigung des Kopfes im Verhältnis zum Muschelwerk. Die Nymphe hing an einer Wand im Palazzo Contarini. Der Palazzo war der Öffentlichkeit nicht zugänglich. In Ausnahmefällen wurde schriftlichen Anträgen auf Besichtung stattgegeben. Der Italiener stellte einen Antrag. Er wartete eine Woche lang, er wartete zwei Wochen, er wartete drei Wochen. Dann wurde er mit dem Stuckateur in den Palazzo Contarini vorgelassen. Er sah die Nymphe. Aber nur kurz und nicht aus der Nähe. Er erhaschte einen Blick auf sie wie auf eine Berühmtheit, die gerade inkognito in der Stadt weilt und keine Autogramme geben will. Er wollte sie heimlich fotografieren, aber der Wächter wich nicht von seiner Seite. Um die Nymphe fotografieren zu dürfen, bedurfte es eines weiteren schriftlichen Antrags, eines Antrags, auf dem der Name, Vorname, Wohnsitz und der Beruf der Personen, welche die Nymphe zu fotografieren gedachten, hinzuzufügen waren, einschließlich des Zweckes der Fotos von der Nymphe, eines Antrags, der an die Besitzerin des Palazzo gerichtet werde müsse, welche in Paris lebte. Der Italiener stellte den Antrag. Drei Monate vergingen. Der Stuckateur modellierte Muschelwerk und Stechpalmenblätter. Girlanden und Paradiesvögel. Rankenwerk und Rocailles. Schließlich erreichte den Italiener ein Einschreiben aus Paris. Dem Antrag war stattgegeben worden. Mit der Erlaubnis nicht nur für ein Foto. Sondern für zwei. Für den Fall, dass das erste nichts würde. Ergebenste Grüße.

Während der Stuckateur an seiner Sixtinischen Kapelle arbeitete, lebten wir in einem einzigen Raum. Was mich nicht sonderlich störte, hatte ich doch nie in einer Wohnung gelebt, die über mehr als ein Zimmer verfügte. Wir schliefen in einem provisorischen Bett, hängten unsere Kleider in einen provisorischen Kleiderschrank und saßen auf provisorischen Sesseln. Das einzige endgültige Einrichtungsstück war der Fernseher. Und damit fing das Elend an. Denn im Angesicht des Fernsehprogramms musste ich feststellen, dass der Italiener an meiner Seite aus zwei Italienern besteht. Einem, der Nächte damit verbringt, venezianische Manuskripte aus dem sechzehnten Jahrhundert zu studieren. Und einem anderen, der, wenn in einem Film nicht innerhalb von zwei Sekunden genügend Hirnmasse verspritzt wird und mindestens eine Blutfontäne sprudelt, wenn nicht ein voll besetzter Fahrstuhl explodiert oder wenn mehr als vier Worte am Stück gesprochen werden, nach der Fernbedienung sucht, um weiterzuschalten, weil er befürchtet, in ein anspruchsvolles französisches Melodram hineingeraten zu sein. Mir wurde klar: Wir haben keine gemeinsame Zukunft. Jedenfalls nicht, was gemeinsame Fernsehabende betraf. Sobald ich hörte, wie Autoreifen quietschen und Flugzeuge explodieren, schlief ich ein. Wobei der Italiener an meiner Seite bestritt, dass ihn bereits quietschende Autoreifen zufrieden stellten.

Wir stritten uns um die Fernbedienung. Konnte ich ihrer in einem unbeobachteten Augenblick habhaft werden, um einen Film meines Geschmacks zu sehen, etwa eine Dokumentation über einen ostpolnischen Grenzfluss, dann befand sich der Italiener meiner Wahl schlagartig nicht mehr an meiner Seite, sondern in der dritten REM-Phase.

Ich weiß auch nicht, sagte er am nächsten Morgen, es muss an der Sprache liegen. Deutsch schläfert mich einfach ein.

Allerdings schläferte ihn die deutsche Sprache keineswegs ein, wenn es sich um *Vollgasrausch im Grenzbereich* handelte oder um *Der Tod kennt keinen Zufall.* Ich hatte auf einer Satellitenantenne bestanden, weil ich glaubte, dass seine Vorliebe für Actionfilme lediglich eine Konsequenz des dürftigen italienischen Programmangebots sei. Seitdem zappte er auf den deutschen Sendern bis in die frühen Morgenstunden hin und her. Es gibt keinen italienischen

Fernsehsender, der derart mit Actionfilmen verpestet ist wie die deutschen Privatsender. So tief können die Italiener nicht mal unter Berlusconi sinken.

Ich fragte mich: Woher hatte der Italiener an meiner Seite diesen Defekt? Was war schuld? Die Erziehung durch die Nonnen? Oder daran, dass er in Venedig ohne Autos aufwachsen musste? Verbirgt sich am Ende etwas Dunkles dahinter, über das man nicht nachdenken möchte? Vielleicht geht mit der Neigung zu Actionfilmen auch ein Hang zu Pädophilie und zum Sammeln von Trockenblumensträußen einher?

Du übertreibst, sagte er dann beleidigt. Es gibt auch noch andere Filme, die mir gefallen.

Das stimmt. Ich wurde Zeugin, dass ihm außer Actionfilmen noch Science-Fiction-Filme gefallen, auch Tierfilme, nur werden die nach zehn Uhr abends so selten gesendet, darüber hinaus noch alle Filme, in denen gesungen und getanzt wird, am liebsten aber *Saturday Night Fever* und alle Filme, in denen Julia Roberts mitspielt. Was meinen Fernsehgeschmack betrifft, so kam er zu der Überzeugung, dass ich zur Schwermut neige, weil ich in einem Land aufgewachsen bin, in dem es immer kalt ist. Warum sollte man sich sonst freiwillig Filme über arme alte Menschen in der Ukraine ansehen, wenn nicht wegen eines starken Hangs zur Depression? Oder französische Charakterdramen, in denen man drei Stunden lang nichts anderes sieht als zwei Leute, die an einem Regentag im Café sitzen und reden, bis sich am Ende einer das Leben nimmt? Oder Woody-Allen-Filme, die in Italien noch nie jemand komisch gefunden habe? Oder deutsche Talkshows, in denen alle so freundlich lächelten wie Krankenpfleger?

Und der Mann, den es am Abend zuvor noch mit Genuss erfüllt hatte, zuzusehen, wie die gesamte Kundschaft eines Supermarkts per Pumpgun niedergemäht wurde, trat nun in unseren Salon und blieb erstarrt vor einer Wand stehen. Täglich inspizierte er das Werk des Stuckateurs. Er kontrollierte die erbrachte Arbeit mit Ungeduld, es drängte ihn in den Salon, als handele sich nicht um Handwerksarbeiten, sondern um einen spannenden Film, dessen Fortsetzung er nach der erzwungenen Werbepause kaum erwarten konnte.

An diesem Morgen blickte er die Wand an und staunte. Er staunte wie über eine Unverfrorenheit, die er dieser Wand nicht zugetraut hätte. Dann schüttelte er sich, als hätte er ein obszönes Graffiti entdeckt.

Siehst du es nicht?, fragte er.

Ich stand neben ihm und blickte auf die Wand. Der Stuckateur hatte an ihr den ganzen Vortag gearbeitet. Ich sah nichts. Oder besser: Ich sah Paradiesvögel und Federbüsche und Wasserfontänen, die Blütengirlanden und das Muschelwerk, die Blendsäulen und Blätter, die geschwungenen und gefiederten, die spitzen und runden, die Millionen von Blättern. Ich sah endloses pflanzliches Wuchern.

Ich schüttelte den Kopf. Der Italiener blickte auf mich, fassungslos und enttäuscht zugleich.

Du siehst es wirklich nicht?, sagte er resigniert und zeigte auf die Wand wie auf einen einzigen Schandfleck.

Das Blatt!, flüsterte er.

Ich starrte auf die Wand und sah Blätter. Abgerundete und asymmetrische, gezackte und langgestielte.

Es ist tot, sagte der Italiener.

Ich fixierte jedes einzelne Blatt. Ich bemerkte fingerförmig geteilte Blätter und handförmig gelappte, einzeln am Zweig sitzende Blätter und Blätter, die in Büscheln aus der Wand wuchsen. Aber kein einziges totes Blatt.

Es muss weg, sagte der Italiener. Es ist willenlos! Schlapp! Es sieht aus wie ein Gemüse. Ein Kohlblatt. Ein verwelktes Kohlblatt. Ich ertrage es nicht, sagte er.

An jenem Morgen beschloss ich, zur Salutekirche zu pilgern und eine Kerze für ihn anzustecken.

4.

Mein Telefon klingelt.

Bist du schon im Florian?, fragt der Italiener. Es wird spät werden, fügt er hinzu und seufzt.

Er müsse noch zur Eigentümerversammlung – eine Veranstaltung, vor der sich jeder Italiener fürchtet wie vor einem Hautausschlag. Es werde um den Aufzug gehen, das neue Dach, die Statikprobleme, den Oleander im Innenhof, die Mülltüten, die nicht ordnungsgemäß um acht Uhr morgens in die Gasse gestellt würden. Das Übliche. Der Mailänder Anwalt streite mit dem Ehepaar aus Verona und mit dem Notar aus Padua, der Amerikaner werde sich wie gewohnt mit allen überwerfen und sich dabei moralisch überlegen fühlen, die Römer aus der Wohnung unter uns würden alles in die Länge ziehen, alle anfallenden Kosten in Frage stellen und darauf bestehen, dass jeder ihrer Einwände protokolliert werde, jeder zanke sich mit jedem, obwohl außer uns niemand seine Wohnung bewohne, sondern sie nur als Ferienwohnung hielte, für den zweimal im

Jahr eintretenden Fall, dass man das Bedürfnis verspüre, ein Wochenende in Venedig zu verbringen: eines während des Karnevals und eines während der *Regatta storica*. Es sei die Hölle.

Ob ich es ernst meine, mit meinem Angebot, im Florian auf ihn zu warten, fragt er. Ob ich etwas zu lesen hätte. Ob ich bereits Hunger hätte. Ob mir nicht kalt sei.

Ich habe mein Lieblingsbuch dabei, sage ich. *Kurze Lebensläufe von Idioten* von Ermanno Cavazzoni.

Ich habe es schon so oft gelesen, dass es bereits ganz abgegriffen ist. Ich lese es wie eine Bibel. Die Geschichte über den Luftfahrtexperten Pigozzi. Über den Feind der Geschwindigkeit. Über den Verfasser realistischer Romane, der nicht verwechselt werden wollte mit den Romanautoren der Innerlichkeit, weil die nur von nebensächlichen Fakten sprächen und sich fragten, was das Leben sei und was ein Roman.

Er fühle sich schon ganz wie einer der Protagonisten aus meinem Idiotenbuch, sagt der Italiener an meiner Seite. Wie es mit einer Geschichte wäre über einen Venezianer, der auf einer Eigentümerversammlung als Geisel genommen wurde und nie wieder gesehen ward?

Ich weiß nicht, wann wir uns einigen werden, sagt er. Vielleicht nie. Mein Leben wird in einer Eigentümerversammlung vergehen. Dabei möchte ich nichts anderes, als neben dir im Florian sitzen.

Er spricht von dem Abend, an dem wir uns kennen lernten. Du hattest eine türkisfarbene Hose an und ein schwarzes T-Shirt, sagt er. Ich weiß es noch ganz genau. Weißt du, dass ich deine damalige Telefonnummer immer noch auswendig weiß? Neunundvierzig, siebenunddreißig, neunundzwanzig. Vorwahl: Null, null, vierneun, viernull. Was wäre, wenn wir uns nie begegnet wären? Wenn man dich im »Do Forni« nicht an einen Katzentisch gesetzt hätte?

Du wärst jetzt mit einer Italienerin verheiratet, sage ich.

Ich würde immer noch auf dich warten, sagt er. Ich will dich küssen, sagt er. Aber stattdessen schlage ich mich hier mit zanksüchtigen Eigentümern herum. Mit rechthaberischen Amerikanern. Und geizigen Römern.

Schon heute Morgen, als er aufwachte, sagte er: Armes Italien! Das sagt er immer, wenn ein schlechter Tag bevorsteht. Er sagt es in einem Ton, als spreche er über eine Verwandte, die nicht zurechnungsfähig ist. Eine alte Tante, die zwar von allen geliebt wird, weil sie ganze Tischgesellschaften aus dem Stehgreif zum Lachen bringt, die aber leider, leider etwas kleptomanisch veranlagt ist und jetzt wieder mal einen Rückfall hatte. Oft wacht er auch auf und sagt: *Ah! Come siamo ridotti!* Ach, was sind wir heruntergekommen! Oder: *Siamo rovinati!* Wir sind ruiniert! Denn morgens steht es um Italien immer ganz besonders schlecht.

Meistens will er dann mit mir über Politik reden. Über Kommunismus, Faschismus und Terrorismus. Über die Auswirkungen der Globalisierung. Über den Benzinverbrauch der Chinesen. Über die Steuerpolitik im Allgemeinen und die Korruption im Besonderen. Über die Bürokratie, satanische Sekten, Andreotti und die Pharmaindustrie. Jeden

Morgen übt er Gesellschaftskritik, wobei er mich an den Komiker Beppe Grillo erinnert, Italiens Nationalheiligen, der auch immer mit dem römischen Verkehrskollaps beginnt und beim Rinderwahnsinn endet, der monologisierend durch die Reihen der Zuschauer läuft, erst flüstert und lacht, dann *brutti bastardi!* schreit und einen beliebigen Zuschauer ergreift und schüttelt. Und wenn seine Schweißtropfen durch die Luft fliegen, dann behauptet er, es sei Weihwasser.

Oft bin ich morgens noch zu müde, um ernsthaft zu diskutieren. Oder ich bin anderer Meinung, was mir der Italiener erst übel nimmt, dann aber nachsieht, weil er die Form meiner Nasenlöcher liebt, obwohl ich eine Feministin und Kommunistin sei. Und das sei schon immer sein Alptraum gewesen: Eine Feministin und Kommunistin im Bett!

Und heute Morgen hat er Berlusconi bedauert. Dass er korrupt sei, erstaune ihn keineswegs, korrupt sei schließlich nicht nur Berlusconi, sondern alle Politiker, wie die Gewissenlosigkeit, die Unehrenhaftigkeit und Bestechlichkeit überhaupt ein Wesenszug aller Politiker sei, egal welcher Nation sie angehörten. Aber ein Ministerpräsident, dem es nicht mal gelinge, sich in korrektem Italienisch auszudrücken – das sei beschämend. Berlusconi wolle einen Gesetzesentwurf mit seiner eigenen Faust schreiben. Was ist das denn für ein lächerlicher Satz? Mit der eigenen Faust schreiben?

Als ich noch schlief, hatte der Italiener an meiner Seite bereits die Morgennachrichten im Radio gehört und die Zeitungen gelesen, was seinen Pessimismus gegenüber seinem Land noch verstärkt hat, wie jeden Morgen. Denn die Nachrichtenlage belegt sein Urteil, wobei er die *Repubblica* zitierte, mit der Schlagzeile: Die verletzte Verfassung. Berlusconi hat mal wieder ein Gesetz für sich geschaffen. Hast du das nicht gelesen? Von der Verfassung gelangte er übergangslos zum verheerenden Einfluss der katholischen Kirche auf die Politik – wir haben den Papst bei uns zu Hause! Weißt du überhaupt, was das bedeutet? Er mischt sich in alles ein! Nichts geschieht ohne die Zustimmung des Vatikans! Nicht mal die Verlegung einer Einbahnstraße! –, und weil selbst das noch nicht ausreichte, fand er noch weitere Beweise für den Niedergang Italiens im Vermischten: In Kalabrien wurden sogar die Totengräber mit Schmiergeldern bestochen! Im Friaul kam ein Paket erst an, als bereits die Enkel des Empfängers verstorben waren! In Rom musste ein Alitalia-Flug gestrichen werden, weil der Pilot nicht mehr vom Shopping aufgetaucht war!

Und als er wieder bei den heuchlerischen Politikern angekommen war und bei den Kommunisten, die auch nicht mehr das seien, was sie mal waren, weil selbst sie heute mit der Kirche paktierten, und bei der italienischen Bürokratie, die noch von den Toten eine Steuernummer verlange, da rief er: Schluss mit der politischen Tribüne!, ganz so, als hätte ich mich an einer von ihm angeregten Diskussion beteiligt und nicht vielmehr matt in den Kissen gelegen. Dann ging er zum Fenster, um es zu öffnen. Die Sonne fiel in das Zimmer, etwas Staub tanzte in dem Strahl, und der Italiener blickte auf den Himmel, in dem ein paar Heilige schweben, aufgestiegen vom Dach der Kirche von San

Moisè. Und dann rief er aus: Was für ein schöner Tag! Was für eine schöne Sonne! Was für ein schönes Licht!

Vor mir im Florian sitzen zwei Französinnen in bonbonfarbenen Kostümen und schreiben Ansichtskarten. Sie beugen sich über die Karten wie zwei Schülerinnen während der Schönschreibübung: Erst malen sie deutlich die Adressen, dann den Text, Zeile für Zeile, und manche Zeilen geraten so schief, als sei ihnen ein Gedanke weggerutscht. Neben den Postkarten der Französinnen liegt ein Stapel von Briefmarken, die aussehen wie frisch gedruckt, sicher haben sie die Briefmarken auf dem kleinen Postamt am Markusplatz gekauft, was ich für eine heldenhafte Tat halte. Denn das Postamt am Markusplatz ist ein Purgatorium.

Ich erinnere mich noch daran, wie ich an einem Regentag die Post betrat. Ich wohnte noch nicht lange in Venedig. In der Schalterhalle wand sich eine Schlange, sie wand sich dreifach um eine Marmorsäule und roch nach nassem Hund. Hinter mir in der Schlange stand ein weiß bewimperter Hotelpage des Hotel Bauer, eine Dame im Cape, ein Mann mit Aktentasche, der aussah wie ein Notar, eine Frau mit einem Labrador, ein Mann mit zwei Möpsen und eine Gruppe von Touristen. Von den sechs Schaltern waren nur drei geöffnet. Die Dame mit dem Labrador empörte sich darüber. Zu dem Mann mit der Aktentasche gewandt sagte sie: *Solo in Italia!* Und er nickte betroffen und wiederholte: *Solo in Italia!*

Es klang wie ein Zauberwort. Als ich fragte, was sie damit meinten, bemerkte die Dame, dass auf dem Postamt zwar mindestens dreißig Postbeamte arbeiteten, stets aber zehn gerade krank seien, zehn weitere ihr Bürgerrecht auf Freiheit ausübten, indem sie einen Espresso an der Bar in der Frezzeria tranken, fünf dringend telefonieren müssten und zwei vermutlich seit dem frühen Morgen Telefonbücher läsen. Deshalb könnten nie mehr als drei am Schalter sitzen, mit Gesichtern von Strafgefangenen, deren Dienst im Lager gerade erst begonnen habe.

Auf der Post kaufe man keine Briefmarken, sondern ergehe sich in Hoffen, sagte der Mann, der aussah wie ein Notar. Man hoffe, dass die Götter nicht verstimmt sein mögen. Wobei man bedenken müsse, dass diese leicht zu verstimmen seien. Manchmal reichten ein bewölkter Himmel, ein falscher Ton, eine hastige Bewegung.

Ich trug einen Brief in der Hand, den ich nach München schicken wollte. Hinter dem Schalterfenster saß eine Beamtin, die gerade vom Ärmel ihres Wollpullovers ein paar Flusen zupfte. Sie blickte nicht auf, als ich meinen Brief unter dem Schalterglas zu ihr hinschob. Vor ihr auf dem Schreibtisch lagen zerkaute Bleistifte und abgegriffene Lineale, Stempelkissen und Stempel. Schließlich überflog sie die Adresse, tippte auf das von mir nicht weiter präzisierte GERMANICA und machte ein Geräusch, das sich wie ein Knurren anhörte.

Ost oder West?, fragte sie.

Süd, sagte ich.

Haha, machte sie. Wir wollen witzig sein.

Sie griff nach ihrem Lineal, schlug es auf die Innenfläche ihrer Hand und blickte mich aus grauen Augen an.

Und?, sagte sie.

München, erklärte ich, der Brief soll nach München, und München liegt im Süden Deutschlands, Verzeihung.

Im Grunde neige ich nicht zu politischen Bekenntnissen, schon gar nicht bei schlechtem Wetter. Die Tatsache, dass Deutschland wiedervereinigt war, war mir vorübergehend sogar entfallen. Aber hier, inmitten der kleinen Regenlache, die sich um meine Füße gebildet hatte, im Angesicht dieser Schalterbeamtin fühlte ich mich plötzlich sehr deutsch und sehr wiedervereinigt und hörte mich sagen: Eigentlich ist es jetzt auch egal. Es gibt kein Ost oder West mehr.

Die Schalterbeamtin betrachtete mich, wie man eine Staubflocke betrachtet, bevor man sie wegwischt. Ich spürte, wie sich unter den Wartenden eine gewisse Unruhe auszubreiten begann, ich hörte, wie man sich räusperte, wie man von einem Fuß auf den anderen trat, Gummisohlen quietschten, Regenschirme raschelten, Einkaufstüten wurden knisternd von einer Hand in die andere gegeben. Dann beugte sich die Beamtin vor, so nah an das Schalterglas, dass ihr Atem es beschlug. Sie ließ ihren Blick über die Schlange schweifen und sagte so laut, dass es auch die letzten Wartenden hörten:

Glauben Sie bloß nicht, dass Sie Ihr Groß-Deutschland jetzt wiederbekommen, nur weil die Mauer gefallen ist.

Ich wollte noch sagen: Was soll der Quatsch, ich will nur eine Briefmarke, aber dazu kam es nicht mehr. Der Notar drängte sich an mir vorbei zum Schalter und schrie die Postbeamtin an: Behalten Sie Ihre Meinung für sich, und machen Sie endlich Ihre Arbeit! Der Mann mit den Möpsen rief: Schluss mit den Kommunisten! Die Frau im Cape zischte: Nicht mal auf der Post in Uruguay wird man so schlecht behandelt wie hier!

Die Schlange hatte sich aufgelöst und in eine Wolke voller Drohungen, Verwünschungen und Flüche verwandelt, eine Wolke, die sich nun anschickte, die Herrschaft zu übernehmen, die Gewalt über Briefmarken, Überweisungen und Postpakete. Ich war davon überzeugt, dass sich alle von dem Elan mitreißen lassen und gegen einen Feind kämpfen würden, der sie jahrhundertelang erniedrigt hatte, bald würde sich das ganze Volk anschließen, Seite an Seite mit den Aufständischen kämpfen, mit dem weiß bewimperten Hotelpagen und der Dame in dem Cape, mit dem Notar und der Frau mit dem Labrador, gleich würde das ganze Gebäude gestürmt und besetzt, und wenn die Ordnungskräfte auf die gebäudestürmenden Aufständischen stießen, dann hielten sie diese nicht auf, sondern riefen *Hoch!* – und am Ende würden alle eine Fahne hissen, die Fahne des vom Joch der italienischen Post befreiten Italiens.

Die Schalterbeamtin blickte auf die aufgebrachten Wartenden wie auf einen randalierenden Eingeborenenstamm. Dann schaute sie hinter sich. Es war niemand zu sehen. Mit einer kleinen zögerlichen Bewegung schob sie die Briefmarke schließlich unter dem Schalterglas zu mir hin, brummte: der Nächste bitte, und alles verpuffte.

Als ich dem Italiener davon erzählte, sagte er nur: die Post sei immer schon so gewesen und würde immer so sein.

Hier arbeiteten Wesen, die beschlossen hätten, dem Menschen die Vergeblichkeit des Seins zu beweisen. Du existierst nicht, auf der Post bist du nur eine Hülle deiner selbst, eine Hülle, die nicht ausreichend frankiert, die falsch adressiert, Überweisungsformulare falsch ausfüllt und die unbeirrt Pakete verschickt, obwohl sie genau weiß, dass sie ihren Empfänger nie erreichen werden. Jeder, der sich weigerte, sich der Post als Bittsteller zu nähern, jeder, der glaubte, auf einer Dienstleistung bestehen zu müssen, werde eines Besseren belehrt, denn es handele sich hier nicht um Dienstleistungen, sondern um Gnadenbeweise. Meine Empörung darüber sei zwar redlich, aber im Grunde völlig sinnlos.

Ich solle das Ganze philosophisch betrachten, als Gleichnis für Macht und Ohnmacht, als Metapher für die Nutzlosigkeit allen Strebens, seinetwegen auch als Sinnbild für Italien schlechthin, ich sollte darin Exerzitien in Demut sehen, und wenn mir all dies nicht gelänge, gebe es immer noch UPS. Er betrete seit Jahren kein Postamt mehr. Ich solle ihm meine Briefe geben, und er würde sie dann per Kurier verschicken, basta.

Findest du das nicht etwas übertrieben?, fragte ich, und der Italiener zuckte mit den Schultern und sagte: Wie du willst.

Ich schwärmte ihm bei dieser Gelegenheit noch etwas von der Verlässlichkeit der deutschen Post vor, das italienische Wetter sei vielleicht dem deutschen überlegen, die Post aber nicht, und letztlich ließe sich der Stand der Zivilisation auch an der Freundlichkeit eines Schalterbeamten bemessen.

Ah, la Germania, sagte der Italiener bewundernd und hob wieder zur üblichen Selbstgeißelung an, davon, dass der öffentliche Dienst in Italien kein Dienst sei, sondern eine kriminelle Vereinigung. Und dass man in Italien nichts auf legalem Wege erreichen könne, nicht einmal die legalen Dinge. Die bekäme man nur durch Gefälligkeiten, Empfehlungen, Erpressungen und so weiter.

Ich aber gab die Hoffnung auf die Bildungsfähigkeit der italienischen Post nicht auf und betrat die Schalterhalle nur wenige Tage später, dieses Mal um Briefmarken zu kaufen. Viele Briefmarken. Hunderte von Briefmarken, um mir weiteres Schlangestehen zu ersparen. Das Wetter war schön, die Sonne fiel in den Schalterraum, es war die erste Frühjahrssonne, in der Luft lagen Sommer und Blumenkleider und ich bat die Postbeamtin um eine Quittung. Die Schalterbeamtin war mit Goldketten behängt. Sie sah über mich hinweg wie über einen Fleck auf dem Schalterglas, den die ersten Frühjahrssonnenstrahlen sichtbar machten, und sagte mit gelangweiltem Blick auf den nächsten Kunden: Es gibt keine Quittungen.

Wie?, fragte ich. Haben Sie keine Quittungen?

Es gibt keine Quittungen, wiederholte die Beamtin. Sie begann mit ihren Goldketten zu spielen, sie ließ sie kreisen und durch ihre Finger gleiten, und ich spürte, wie von meinen Füßen eine Wärme aufstieg, die sich kribbelnd in meinem ganzen Körper ausbreitete. Es gibt keinen Ort auf der Welt, auf dem ich mich geknebelter fühle als auf dem Postamt am Markusplatz, insbesondere wenn eine schwarz gefärbte Schalterbeamtin, die mit Goldketten behängt ist wie die Madonna von Loreto, mir mein Recht auf eine Quittung über meine rechtmäßig bezahlten Briefmarken abspricht. Eine Quittung ist ein Menschenrecht.

Haben Sie eine Steuernummer?, fragte sie.

Was hat das mit der Quittung zu tun?, fragte ich. Ich will keine Steuern bezahlen, ich möchte *einen Nachweis für meinen ordnungsgemäßen Erwerb von Postwertzeichen.* So sprach ich, denn ich war kein Mensch mehr, sondern ein/e Antragsteller/in.

Ohne eine Steuernummer bekommen Sie keine Quittung, beschied die Madonna von Loreto. Füllen Sie ein Blatt aus: Steuernummer, Name, Adresse, Erwerb von Postwertzeichen in Höhe von. Der Nächste bitte.

Als ich das Postamt verließ, regnete es.

Ich wollte eine Quittung für meine Briefmarken, und jetzt brauche ich eine Steuernummer, sagte ich zum Italiener an meiner Seite.

Und er sagte: Ich gebe dir das Geld für die Briefmarken.

Es geht mir um das Prinzip, sagte ich.

Und er sagte: Du bist verrückt.

Warum ist man verrückt, wenn man darauf besteht, eine Quittung für ordnungsgemäß erworbene Briefmarken zu erhalten?, fragte ich.

Weil du nicht weißt, was das bedeutet, sagte er. Eine Steuernummer bedeute, dass er mich auf dem Polizeipräsidium ordnungsgemäß anzumelden hätte, denn wenn herauskäme, wie lange ich mich schon in Venedig aufhielte, ohne dass er mich angemeldet hätte, dann würde er verhaftet.

Ich bin EU-Bürgerin, sagte ich. Ich kann mich hier drei Monate am Stück aufhalten, ohne mich anzumelden. Und in drei Monaten reise ich siebzehnmal ein oder aus.

Das interessiert niemanden, sagte der Italiener. Hier gibt es das Anti-Mafia-Gesetz.

Ist es in Italien üblich, auf dem Polizeipräsidium anzumelden, falls man die Absicht hat, einen Mafiaboss zu verstecken?, fragte ich.

Gesetz ist Gesetz, sagte der Italiener.

In der DDR musste man auch jeden Besuch anmelden, damit der Staatssicherheitsdienst Bescheid wusste, sagte ich.

Dann hast du ja verstanden, sagte der Italiener.

Wenige Tage später gingen wir zum Polizeipräsidium von San Lorenzo. Wir standen Schlange mit Afrikanern, Rumänen, Amerikanern, vor uns hing eine Sammlung von verblichenen Carabinieri-Kalendern an der Wand, neben einem Aktenschrank stand ein verrosteter Regenschirmständer, und der Italiener sagte: Siebzehntes Jahrhundert! Denn das Polizeipräsidium befand sich in einem schönen, aber etwas vernachlässigten Barockpalazzo. Der Terrazzoboden hatte kleine Löcher und lange Risse. Je länger wir warteten, desto mehr Löcher hatte er, und desto länger wurden die Risse. Eigentlich sei es ein Wunder, dass sich dieser Palazzo überhaupt noch gerade halte, sagte der Italiener und entwarf im Geiste einen Renovierungsplan. Je länger wir warteten, desto mehr Wände ersetzte er, restaurierte Deckenbalken, erneuerte Stuck und besserte den Terrazzoboden aus, ohne dass es jemand bemerkte. Wir betrachteten die Carabinieri-

Kalender, als seien sie von Tiepolo gemalt, wir bewunderten den Regenschirmständer, als sei er eine Skulptur von Giacometti. Je länger wir warteten, desto mehr versanken wir in uns selbst, die Afrikaner wurden blasser, die Rumänen gekrümmter, selbst die breiten Schultern der Amerikaner wurden schmaler, hoffnungsloser, und als uns schließlich ein Carabiniere in Uniform in sein Zimmer rief, erwartete ich meine sofortige, unverzügliche Ausweisung.

Ich fand es eigentümlich, einem Polizisten gegenüber meinen Aufenthalt in Italien rechtfertigen zu müssen. Warum gibt es dafür kein Einwohnermeldeamt? Sehe ich so aus, als hätte ich ein Vorstrafenregister?, flüsterte ich, als wir endlich das Amtszimmer betreten durften, und der Italiener machte ein zischendes Geräusch.

In dem Zimmer roch es nach Staub und vertrockneten Yuccapalmen und dem Rasierwasser des Carabiniere. Seine Uniform saß makellos. Wenn er im Licht stand, leuchtete er. Er legte seine Schirmmütze mit der gleichen Eleganz ab, mit der Marlene Dietrich einen Hut mit Pfauenfedern ablegte, setzte sich an eine Schreibmaschine, die aussah wie eine Requisite für einen neorealistischen Film, tippte meine Angaben mit zwei gekrümmten Mittelfingern und wunderte sich nur darüber, dass die Signora in Italien lebte, um in Deutschland zu arbeiten, und dass sie zwar über Italien schreibe, allerdings nicht für Italien.

Ich will eigentlich nur eine Quittung, sagte ich. Der Carabiniere blickte mich irritiert an. Aber bevor ich ihm das erklären konnte, schob mich der Italiener schon wieder aus der Tür.

Am nächsten Tag fuhr ich mit dem Vaporetto bis zur Station San Marcuola. Unweit davon entfernt befand sich das Amt, das die Steuernummern erteilte. Es lag am Canal Grande, inmitten eines sehr schönen Gartens. Bedauerliches neunzehntes Jahrhundert, neugotisch, aber was will man machen.

Die Sonne schien, und ich war voller Zuversicht. Es gab keine Schlange. Niemand außer mir wollte an diesem schönen Frühlingstag eine Steuernummer haben. Das Zimmer war sonnendurchflutet, eine freundliche Dame fragte mich nach meinen persönlichen Daten, und während ich den Canaletto-Blick aus dem Fenster genoss, jenen Blick über den Canal Grande und über die roten Dächer Venedigs, über Palazzi, Kirchturmspitzen und schiefe Glockentürme, gab sie meine Daten in einen Computer ein. Schließlich reichte sie mir eine Karte, nicht größer als eine Kreditkarte. Meine Steuernummer.

Ich hätte nie erwartet, dass mich eine Steuernummer glücklich machen würde. Es ist ein Glück, das man nur in Italien finden kann. Denn hier ist die Steuernummer wichtiger als die Blutgruppe. Ohne Steuernummer kann man weder ein Kind im Kindergarten anmelden, noch sich begraben lassen. Man kann nicht mal ein Telefon langfristig sein Eigen nennen. Die Telecom hatte mir bereits damit gedroht, mir mein Telefon wieder zu nehmen, wenn ich nicht unverzüglich eine Steuernummer vorlegte. Auch da hatte ich versucht, zu rebellieren, ich verstehe nicht, warum ich zum Telefonieren eine Steuernummer benötigte, sagte ich der Dame von der Telecom, die mir keine

Antwort darauf gab, sondern mir damit drohte, meine Leitung zu kappen. Ich hielt die Steuernummer in meinen Händen wie eine Monstranz.

Begeistert schilderte ich dem Italiener an meiner Seite den reibungslosen Erwerb einer Steuernummer. Er lächelte mich an, wie man ein liebes, aber etwas zurückgebliebenes Kind anlächelt. Natürlich, sagte er, schließlich wollen sie etwas von dir. Und nicht umgekehrt.

Am nächsten Tag ging ich wieder zur Post am Markusplatz. Ich betrat die Schalterhalle mit einem Gefühl des Triumphs. In der Hand hielt ich das Blatt, auf das ich nach den Anweisungen der Postbeamtin die nötigen Angaben gemacht hatte: Steuernummer, Name, Adresse, Erwerb von Postwertzeichen in Höhe von. Es fügte sich, dass die Madonna von Loreto wieder am Schalter saß. Mit dem befriedigenden Gefühl, allen Anforderungen zu entsprechen, stand ich in der Schlange. Es war ein schönes Warten. Ein hoffnungsvolles, gelassenes, ein erhabenes Warten. Vor mir wartete eine Gruppe von Japanerinnen, neben ihnen standen zwei Amerikanerinnen, deren rosa Hüftspeck zitterte, wenn sie lachten, hinter ihnen trat eine Venezianerin von einem Fuß auf den anderen. Als sie an der Reihe war, ließ sie fünfzehn Einschreiben frankieren, was zeitraubend war, weil sie die Einschreibeformulare nicht richtig ausgefüllt hatte, wie die Madonna von Loreto strafend bemerkte. Aber nichts konnte mir meinen Gleichmut nehmen. Der Anblick von vertrockneten Stempelkissen und abgekauten Bleistiften rührte mich. Endlich war ich an der Reihe.

Ich komme wegen der Quittung, sagte ich.

Prego, sagte die Madonna von Loreto. Wieder spielte sie mit ihrer Kette.

Hier ist das Blatt mit den Angaben, sagte ich und schob das Papier unter dem Schalterglas zu ihr hin.

Sie nahm das Blatt, setzte ihre Lesebrille auf und las alle Angaben durch. Mein Herz klopfte, als hinge mein Leben von diesem Blatt Papier ab. Steuernummer, Name, Adresse, Erwerb von Postwertzeichen in Höhe von. Dann schob sie das Blatt unter dem Schalterfenster hindurch wieder zu mir zurück.

Und?, fragte ich.

Doppelte Ausführung, sagte sie. Der Nächste bitte.

Auf dem Markusplatz ist ein Augenblick der Ruhe eingetreten, die Sonne beginnt sich zu neigen, und die Tauben stellen ihren Dienst langsam ein. Müde von einem langen Tag des schreckhaften Aufflatterns, des Sitzens auf Touristenköpfen und des Körnerfressens, beginnen die ersten, sich in den Nischen der Prokuratien zurückzuziehen. Die beiden Französinnen schreiben immer noch, wobei sie sich vom Schönschreibzwang befreit zu haben scheinen. Sie werfen große Buchstaben auf die Karten und kichern. Sie sehen aus wie zwei Königinnen im Exil, die gerade noch eine Unterschrift unter ihre Abdankungsurkunde setzen und es kaum abwarten können, endlich ihre Freiheit genießen zu dürfen. Endlich keine Pflichten mehr, nie mehr herrschen müssen! Urlaub auf ewig! Befriedigt beenden sie ihre Korrespondenz und stapeln die Postkarten vor sich. Jetzt kleben sie die Briefmarken auf und kontrollieren noch mal die Adressen. Bald werden sie diese Postkarten in den Briefkasten hinter dem Correr-Museum werfen, und wenn sie Glück haben, kommen die Postkarten auch an. Manche sogar pünktlich. Die Perfidie der italienischen Post besteht darin, dass sie dann funktioniert, wenn man es nicht von ihr erwartet. Briefe, auf denen lediglich mein Name und ein unleserliches *Marco – Venedig* steht, ohne Postleitzahl, ohne Hausnummer, kommen an. Briefe, deren Inhalt sich ertasten lässt, kommen nicht an. CDs kommen nie an. Und Päckchen nur geöffnet.

Aber das konnte Tante Ruth nicht wissen, als sie mir ein Paket mit Nürnberger Lebkuchen schicken ließ. Vom Traditionslebkuchenbäcker Schmidt. Etwas von deutscher Weihnacht sollte auch mich erreichen.

Nachdem Wochen vergangen waren, ohne dass die Lebkuchen angekommen waren, beschwerte sich Tante Ruth bei Lebkuchen Schmidt in Nürnberg. Lebkuchen Schmidt ermittelte und ließ wissen, dass sie zwar unschuldig an dem Verschwinden des Päckchens seien, aber dennoch ein neues Päckchen schicken würden. Wochen später fand ich ein Mitteilungskärtchen: Es liege ein Paket für mich vor, das man mir nicht habe zustellen können. Unter der angegebenen Servicenummer könnte ich einen neuen Liefertermin vereinbaren. Sollte ich mich innerhalb von fünf Tagen nach Erhalt der Mitteilung nicht melden, würde das Paket wieder an seinen Absender zurückgeschickt.

Ich rief die Servicenummer an. *Falls Sie Auskunft über*

eine Paketlieferung wünschen, drücken Sie bitte die Eins. Ich drückte die Eins. Niemand meldete sich. Ich rief morgens an. Ich rief mittags an, ich rief nachmittags an. Ich rief morgens nach dem Aufwachen an, ich ließ so lange durchklingeln, bis ich aus der Leitung geworfen wurde. Ich machte drei Tage lang nichts anderes, als die Servicenummer anzurufen. Ich sprach mit dem Italiener darüber. Wie könne es möglich sein, dass an drei aufeinander folgenden Tagen niemand an das Telefon geht? Der Italiener an meiner Seite sagte: Lass es bleiben. Ich kaufe dir ein paar Plätzchen.

Ich will keine Plätzchen, ich will, dass mir mein Paket ordnungsgemäß zugestellt wird, sagte ich.

Und der Italiener sagte: Du bist wirklich deutsch.

Ich telefonierte mit der Hauptpost und verlangte nach dem Verantwortlichen für die Zustellung von Päckchen. Es gebe keinen Verantwortlichen, hieß es. Ich rief wieder an. Es müsse jemanden geben, der mir erklären könne, warum unter der Servicenummer niemand antworte, sagte ich schneidend. Wir wissen nichts, sagte mir eine Dame und teilte flüsternd mit, dass selbst sie keine Päckchen mehr bekomme, niemand durchschaue, was da los sei, ständig gingen Beschwerden ein, aber nichts ändere sich. Sie klang, als spreche sie nicht von einem Paketdienst, sondern von einer autonomen Zelle, über die niemand mehr Gewalt hat. Ich könne aber auch eine E-Mail an die Verwaltung in Rom schicken, sagte sie, und es klang wie: Sie können auch in den Kanal spucken.

Ich schrieb eine E-Mail an die Paketpostverwaltungsstelle in Rom. Es wirkte. Kurz darauf kam mein Päckchen an. Lebkuchen Schmidt, Nürnberg. Ich öffnete es nicht sofort, sondern legte es auf den Küchentisch und genoss still meinen Triumph über die autonome Zelle. Und die Vorfreude auf Pfeffernüsse, Spekulatius und Christstollen.

Mit deiner deutschen Ausdauer konnte hier natürlich niemand rechnen, sagte der Italiener. Es klang bewundernd und schaudernd zugleich.

Man darf nicht resignieren, erklärte ich. Man muss den Dingen auf den Grund gehen. Man darf sich nicht einschüchtern lassen.

Ich hob das Päckchen an. Es war verblüffend leicht. Außerdem erstaunte mich, dass der Boden des von Lebkuchen Schmidt in Nürnberg versiegelten Päckchens nachträglich mit Paketband zugeklebt war. Offenbar war es bei dem Transport beschädigt worden. Dann öffnete ich es. Es enthielt keine Nürnberger Lebkuchenplätzchen. Es enthielt eine Sammlung italienischer CDs: *La grande musica italiana*. Und der Italiener sagte: Stell dich nicht so an. Einundzwanzig CDs anstelle von ein paar Lebkuchen, das ist doch kein schlechter Tausch!

Und kurz danach geschah es, dass ich nach langer Zeit wieder in Deutschland war. In meiner Heimatstadt, im Ruhrgebiet. Auf der Suche nach einem Postamt. Es dauerte sehr lange, bis ich es entdeckte. Es befand sich bei Karstadt in der Schreibwarenabteilung. Vor dem einzigen, besetzten Schalter wand sich eine Schlange, die bis an die Fleischtheke der Lebensmittelabteilung reichte. Mit einem Gesichtsausdruck, als befände er sich im Archipel Gulag und mit aufreizend langsamen Bewegungen suchte der Mitarbeiter der Post Pakete heraus, er telefonierte aufreizend lange und verschwand aufreizend lange. Italiener hätten ihn bereits über die Theke gezogen, das Büro demoliert und im Anschluss den Ministerpräsidenten gestürzt, dachte ich. Die Menschen in der Schlange aber beschwerten sich nicht, sondern warteten. Widerstandslos. *Ah, la Germania.* Ich beschloss, dem Italiener nichts davon zu erzählen.

5.

Signor Claudio geht an meinem Tisch vorbei und lächelt. Nicht etwa, um mich zu einem weiteren Verzehr zu ermutigen, nein, nein, wenn es nach ihm ginge, könnte ich mich bis Mitternacht an einer Tasse Kaffee festhalten. Er nimmt nur eine Bestellung am Nebentisch auf, zwei Espressi und ein Bier, lächelnd schreibt er die Bestellung einer Dame auf, ganz so, als sei es eine ganz außerordentliche, eine überraschende und wegen ihrer Kühnheit lobenswerte Idee, hier auf dem Markusplatz zwei Espressi und ein Bier zu bestellen.

In den Jahren der Umbauarbeiten ging ich ins Florian, um für ein paar Stunden dem Gehämmer und den Schleifgeräuschen zu entkommen. Signor Claudio war der erste Mensch in Venedig, der mich als Person wahrnahm und nicht als etwas, das den Weg verstellt. Venezianer machen es Zugezogenen gewöhnlich nicht leicht. Sie unterscheiden zwischen sich und der Welt – die im Wesentlichen aus *foresti* besteht, wie man auf Venezianisch die Fremden nennt. Die Grenze ziehen die Venezianer mit ihrem Dialekt. Vielleicht wollen sie sich so vor jener millionenfachen Liebe schützen, von der sie seit Jahrhunderten erstickt werden.

Mein Gemüsehändler, Herrscher über Pfirsichpyramiden und Traubenberge, spricht nie mit einem Fremden. Er leidet still unter spanischen Familien, die sich lautstark und fünfköpfig in seinen Laden drängen und mit ihren Rucksäcken die Tomaten zerdrücken, um schließlich eine einzige Dose Coca-Cola zu kaufen. Stumm erträgt er französische Rentnerinnen, denen er immer auf die Finger klopfen muss, weil sie jede Melone beschnüffeln und am Ende nur einen einzigen Apfel kaufen. Und selbst zu mir, die ich täglich bei ihm Obst und Gemüse kaufte, ohne dass ich mir jemals erlaubt hätte, eine Melone auch nur anzusehen, geschweige denn zu beschnüffeln, selbst zu mir sagte er lange Zeit nicht mehr als: sechstausend. Und das, obwohl ich mich stets demütig näherte, ohne seine Zucchinistapel und Paprikatürme ins Schwanken zu bringen. Erst nach Jahren betrachtete er mich als würdig, wahrgenommen zu werden. Und da sagte er zu mir: Du siehst schlecht aus.

Das war, nachdem ich beschlossen hatte, für den Italiener und das Fernsehprogramm und das Ende der Umbauarbeiten in der Salutekirche eine Kerze anzustecken.

Schräg gegenüber auf der Piazza steht ein rotgesichtiger Taubenfutterverkäufer hinter seinem Körnerwägelchen. Einem geheimen Ritual gehorchend ordnet er die Papiertüten mit dem Taubenfutter, er füllt sie nach, er stapelt sie neu, er rückt sie wieder zurecht, im Winter in einer Daunenjacke steckend, aus der die Federn quellen, im Sommer unter einem kleinen Sonnenschirm sitzend. Er ist blond und rotgesichtig, wie es nur Albinos sind, mit weißen Wimpern und weißen Augenbrauen. Einst arbeitete er mit seinem Vater in dem Zeitungskiosk, in dem ich nicht nur meine Zeitungen kaufte, sondern mir auch mein Stadtviertel erschloss: Hier erfuhr ich, dass der Mann mit den beiden Möpsen, den ich oft auf der Post und manchmal am Zeitungskiosk traf, ein Abgeordneter der Faschisten war, hier hörte ich, dass die beiden Notare, die immer die *Sole 24 Ore* kauften, ihren Palazzo einer alten Dame verdankten, die sie auf dem Sterbebett dazu brachten, nicht die Kirche, sondern die beiden Notare als Universalerben einzusetzen, und hier hörte ich auch, dass sein Konkurrent, der Zeitungskioskbesitzer vom Markusplatz, schwarz Wohnungen renoviere, mit keiner anderen Befähigung als einem Landvermesserdiplom.

In der Zeitungshöhle kommentierten wir das Wetter, die Luftfeuchtigkeit und das bevorstehende Hochwasser – dem stets ein Stapel Zeitungen zum Opfer fiel, die wie Sedimente übereinander gelagert waren, Zeitschriftenberge, stetig wachsend wie Stalagmiten, einem Ordnungsprinzip folgend, das nur der Vater beherrschte. Der Sohn erwies sich beim Zeitungsverkauf als glücklos: Anders als sein Vater, einem flinken Greis, der jedem Kunden seine Lieblingszeitungen ohne Aufforderung reichte, war der Sohn auch nach Jahrzehnten nicht in der Lage, den Preis des *Gazzettino* oder der *Nuova* im Gedächtnis zu behalten. Jedes Mal ging er, durch dicke Brillengläser starrend, auf eine lange Suche nach der klein gedruckten Preisliste, eine Suche, die umso länger dauerte, als es sich um die Zeitungen der Fremden handelte. *I foresti.* Nie sollte es ihm gelingen, die *Süddeutsche Zeitung* vom *International Herald Tribune* zu unterscheiden. Der Vater ahnte zwar, dass der Sohn nicht in der Lage sein würde, sein Lebenswerk fortzuführen, er gab aber die Hoffnung auf die Bildbarkeit seines Sohnes nicht auf. Obwohl dieser bereits über vierzig Jahre alt war, flüsterte der Vater hinter seinem Rücken immer entschuldigend: Er muss noch wachsen! Und während der Vater die Routine des Zeitungsverkaufs allein bewältigte, trieb er seinen Sohn aus pädagogischen Gründen an, im hintersten Winkel der Zeitungshöhle nach einer Sonderausgabe der *Sole 24 Ore* zu suchen, für eine Kundin den fehlenden Band der Enzyklopädie zu bestellen, die man für einen Sonderpreis zum *Corriere della Sera* dazubekam, sowie für mich den Preis der *ZEIT* herauszufinden.

Eines Tages machte ein Muranoglashersteller dem Vater das Angebot, seine Zeitungshöhle zu kaufen. Ich weiß noch, wie der Vater zögerte. Es ging um sein Lebenswerk. Aber er fürchtete die Konkurrenz des Kiosks am Markusplatz. Um seinem Sohn die Zukunft zu sichern, nahm er das Angebot an: Für den Erlös kaufte er ihm eine Taubenfutterlizenz. Tauben wird es in Venedig immer geben, befand er, der Beruf des Taubenfutterverkäufers habe allzeit Konjunktur, dafür sorgten nicht zuletzt die Tierschützer, die sich gegen Verhütungsmittel im Taubenfutter einsetzten. Die Zukunftsaussichten des Taubenfutterverkäufers schienen ihm so rosig wie die eines Eisenbahnbeamten mit Pensionsanspruch. Und seitdem steht sein Sohn auf dem Markusplatz und sortiert so teilnahmslos die Tüten mit dem Taubenfutter, wie er damals die Zeitungen stapelte. Mit seinen Albinoaugen blinzelnd grüßt er mich nun. Schicksalsergeben.

Und dann klingelt mein Telefon wieder.

Der Italiener an meiner Seite hat sich aus der Eigentümerversammlung gestohlen und möchte wissen, ob mittlerweile fremde Männer versuchten, mich anzusprechen. Falls dem so sei, sollte ich nicht antworten. Bekannterweise sei ich sehr großherzig, was meine Kaffeebekanntschaften betrifft. Damit meint er den Kellner von vor siebzehn Jahren. Der Italiener lässt keine Gelegenheit aus, mich an meine Geste der Menschenfreundlichkeit zu erinnern. Gib es zu, du wolltest mit ihm tanzen gehen, stichelt er.

Unweit von mir sitzt eine Familie auf den Stufen des Markusplatzes, die aus ihrem Rucksack nicht nur Joghurtbecher hervorzieht, sondern auch einen Salat in einer Frischhaltedose. Daneben sitzen zwei füllige, russisch sprechende Damen. Sie alle essen in Sichtweite von Verbotsschildern, auf denen steht: *Das Liegen auf öffentlichen Flächen ist ebenso verboten wie das Rasten zum Verzehr mitgebrachter Lebensmittel.* Oder: *Es ist verboten, mit nacktem Oberkörper oder in Badekleidung herumzulaufen.* Bei Zuwiderhandlung droht eine Geldstrafe von fünfzig Euro. Als man die Verbotsschilder auf dem Markusplatz aufstellte, nannten die Venezianer sie *Totem des guten Tons*. Nie kämen die Venezianer jedoch auf die Idee, einen Touristen, der auf dem Markusplatz Picknick macht, auf sein Vergehen aufmerksam zu machen. Besser ein Dieb sein als ein Denunziant, heißt es in Italien.

Neben den Russinnen liegt ein Mann an eine Säule gelehnt. Er trägt ein Hemd mit dem Aufdruck *Brasil* und schläft mit offenem Mund. Es geschieht häufig, dass ich in Venedig auf dem Boden liegende Menschen sehe, über die der Schlaf gefallen ist wie eine körperliche Not. Mitten in Venedig schlafen sie ein. Überall auf der Welt ist ein auf der Straße liegender Mensch ein Unfallopfer, ein Herzkranker, nur nicht in Venedig. Hier ist er nur ein Tourist, der schläft.

Und?, fragt der Italiener.

Nein, sage ich, keine Tanzpartner weit und breit.

Und der Italiener fragt: Und dir wird nicht langweilig?

Ich beobachte die Taubenfutterverkäufer, sage ich und erinnere ihn an den glücklosen Sohn des Zeitungshändlers, was sofort von einem mitfühlenden *poverino* kommentiert wird. Und sofort relativiert wird. Denn der sei eigentlich keineswegs zu bedauern. Für jemanden, der unfähig gewesen sei, auch nur den Preis einer Zeitung herauszufinden, gehe es ihm sogar ausgezeichnet. In keiner anderen Stadt ginge es ihm so gut wie in Venedig. Nirgendwo könne man sich seine Zukunft damit sichern, dass man neben einem klapprigen Holzwägelchen stehend Taubenfutter verkaufe. Und eine zweitausendprozentige Gewinnspanne erziele. Genau wie die Gondolieri. Wo sonst in der Welt werde man dadurch reich, dass man Leute durch die Gegend rudere? Er wette, dass der Taubenfutterverkäufer keine Steuern bezahle. Genau wie die Gondolieri. Allen ginge es besser als ihm, den Gondolieri, den Taubenfutterverkäufern, sogar den Tauben auf dem Markusplatz ginge es besser als ihm, denn die müssten an keinen Eigentümerversammlungen teilnehmen. Und dann fragt er noch mal, ob ich nicht lieber zu Hause auf ihn warten möchte.

Nein, ich bleibe, sage ich, das Licht ist gerade so schön.

Ich beneide dich, sagt er und legt auf.

Vor mir steht ein Fotograf, ein Markusplatz-Fotograf, der seine Kamera auf einem Stativ aufgebaut hat und es schafft, seine Existenz zu rechtfertigen, obwohl auf dem Markusplatz jeder jeden fotografiert, mit ausgestrecktem Arm auf den kleinen, digitalen Bildschirm starrend. Nur das künstliche Verschlussgeräusch weckt die Erinnerung an früher, als ein Foto ein gefrorener Augenblick war und keine Anhäufung von Pixeln.

Immer wieder sehe ich Paare, die sich dem Fotografen neugierig nähern, ihn umkreisen, Witterung von ihm aufnehmen – und sich dann von ihm vor dem Markusdom aufnehmen lassen. Vielleicht liegt es daran, dass der Markusplatz-Fotograf nicht digital fotografiert, sondern noch ganz altertümlich auf Film. Seine Kamera ist von einem schwarzen Tuch verhüllt und steht nicht auf glänzenden Teleskopbeinen, sondern auf einem Holzstativ, und wenn er unter das Tuch kriecht, dann scheint er gleichsam in eine ferne Vergangenheit zu kriechen, als sähe er durch seinen Sucher keine Badelatschen und Gürteltaschen, sondern Herren mit Panamahüten und steifen Hemdkragen und Damen mit Reiherfedern am Hut. *Express 30 minutes* steht auf seinem Schild. Den Film bringt er zum Entwickeln in ein Fotostudio hinter dem Markusplatz.

Der Fotograf wird sein Leben hier verbracht haben. Immer mit dem gleichen Motiv. Mensch, Taube und Markusdom. Ohne dabei verrückt zu werden. Als ich den Fotograf beobachte, wie weihevoll er unter sein schwarzes Tuch kriecht und das Paar anweist zu lächeln, klingelt mein Telefon wieder.

Ich ertrage es nicht mehr, sagt der Italiener. Der Römer versucht gerade die Reparatur des Daches zu boykottieren. Ich musste rausgehen, sonst hätte ich ihn erwürgt.

Versuche über den Unterbauch zu atmen, sage ich. Und um ihn abzulenken, füge ich an: Wir waren schon lange nicht mehr zusammen im Florian.

Ja, das ist wahr, sagt er nachdenklich. Aber das Florian hat sich ja auch verändert, fügt er entschuldigend hinzu.

Er klingt dabei wie jemand, der von einem alten Freund spricht, den er nach vielen Jahren wieder auf der Straße getroffen hat, wobei er feststellen musste, nichts mehr mit ihm gemein zu haben. Und das, obwohl sich der Freund äußerlich nicht verändert hat: Die ovalen Marmortischchen, ihre gusseisernen Löwenpranken, der Muranoglasleuchter im Eingang, selbst die verwitterten Holzläden, die nachts vor die Fenster des Florian gehängt werden, sind die gleichen geblieben. Auch die roten Samtpolster, die vergoldeten Rocaillen, die Kassettendecken, die vom Zigarettenrauch vergilbten Engelsschwärme, die Samtlitze, die an einer Stelle angesengten Lampenschirme, die Bilderrahmen aus Stuck, die mild erblindeten Spiegel, die Haremsdamen und die Säle, die er wie jeder Venezianer beim Namen nennt, haben sich nicht verändert: Der Senatssaal! Der Saal der vier Jahreszeiten! Der Saal des Chinesen! Der Saal der berühmten Persönlichkeiten! Das Parkett knarrt wie immer. Und doch.

Weißt du noch, der General?, sagt der Italiener.

Ja, sage ich und blicke auf den Stuhl unter den Arkaden rechts vom Eingang. Der General ist verschwunden. Jener alte Herr mit den schwarz gefärbten Haaren, der bis vor wenigen Jahren täglich im Florian saß und dem sich alle mit einer gewissen Kratzfüßigkeit näherten. Er war schon lange pensioniert, aber wenn es sich darum handelte, dem Enkel eines Freundes den Militärdienst zu ersparen, dann waren seine Beziehungen stets wertvoll. Im Sommer trug er Leinenanzüge und einen Panamahut, und während die Hand des Generals auf dem silbernen Knauf seines Spazierstocks ruhte, plauderte er mit Passanten und von Zeit zu Zeit mit Signor Claudio. Im Winter saß der General im Senatssaal und blätterte im *Gazzettino*. Manchmal blickte er auf den Markusplatz, als entwerfe er Angriffspläne für die Infanterie. Als spiele er den Zweiten Weltkrieg auf dem Markusplatz nach. Und würde ihn gewinnen.

Oder Signora Rosa mit ihrer Tochter?, fragt der Italiener, erinnerst du dich?

Ja, sage ich und gedenke Signora Rosas Amethystohrringe und ihrer kurzen Beine. Sie war eine Aristokratin aus Bari, die jeden Nachmittag mit ihrer Tochter ins Florian kam, im Winter saßen sie im Saal des Chinesen, mit Schleierhüten und riesigen, übereinander gesteckten

Goldringen, nach Veilchenparfüm duftend. Signora Rosa war mit einem Schokoladenrepräsentanten verheiratet, der das ganze Veneto vierzig Jahre lang mit Pralinen von *Caffarel* und Trüffeln von *Perugina* versorgte, während seine Frau und seine Tochter im Florian Hof hielten – wobei ihre Fußspitzen nicht den Boden berührten, wenn sie auf den Samtsesselchen saßen. Die Länge ihrer Beine war es, die ihre ganze Aristokratie zunichte machte. Die venezianischen Aristokratinnen hingegen gaben sich im Florian volkstümlich, so wie die ebenfalls im Saal des Chinesen sitzende Contessa Foscari, die stets auf Venezianisch die Kellner zur Eile trieb: *dai, dai, bambin, sveglia!* Daran erinnere ich mich und stelle verwundert fest, dass selbst ich bereits zu einer Zeugin des Verschwindens Venedigs geworden bin. Zu einer, die seine Vergangenheit beschwört. Zu einer, die eine verloren gegangene Vertrautheit betrauert. Ein eigentümliches Gefühl.

Der Italiener besucht das Florian nur noch, wenn er muss. Wenn Gäste da sind. Zugereiste, Nichtvenezianer. Freunde. Dann setzt er sich – mit jener gewissen, zurückgenommenen Eleganz, hinter der er verbirgt, dass er sich fehl am Platz fühlt, und bestellt Tee mit Milch. Auch im Florian muss der Italiener an meiner Seite präzisieren, dass er wünscht, den Tee mit kalter Milch zu trinken. Und als würde er meinen Gedanken lesen, beklagt er jetzt, wie tief doch das Niveau gesunken sei, wenn selbst ein Kellner im Florian nicht mehr wisse, dass Tee nie mit heißer Milch getrunken werde, eine bemerkenswerte Schwäche in einer Institution, in einem Monument wie dem Florian! *Povera Italia.*

Da, wo einst Gräfinnen und Generäle Hof hielten, sitzen nun Menschen in Bermudashorts und mit luftgepolsterten Sportschuhen, und wenn man Pech hat, ziehen sie ihre luftgepolsterten Sportschuhe aus und legen die Beine hoch, so wie der junge Engländer, der sich mit seiner Frau neben mich an einen Tisch unter den Arkaden gesetzt hat und der seine Füße auf den Stuhl gegenüber gelegt hat.

Er trägt auf seinem Nacken chinesische Schriftzeichen eintätowiert wie ein Brandzeichen. Sie betrachtet ihn wie ein Kind, keine seiner Bewegungen entgeht ihr, kein Augenzwinkern, kein Räuspern, kein Fingerknacken. Wie um ihn zu beruhigen, streichelt sie sein Knie ganz leicht mit den Fingerspitzen. Aber er bemerkt es nicht, denn er bestellt Bier und dazu Caffè latte und streckt seine Füße von sich. Sie zieht ihre Hand von ihm zurück und bestellt einen Weißwein. Beide schweigen und blicken auf den Markusplatz, als verfolgten sie dort einen sehr spannenden Spielfilm.

Die Füße des Engländers stecken in weißen Socken. Der Italiener an meiner Seite würde darüber hinwegsehen. Er nimmt den Besuchern Venedigs nicht übel, dass sie seine Stadt staubkornweise unter ihren Füßen abtragen, dass sie auf dem Markusplatz wie Seehunde herumliegen und auf dem Boden sitzend Pizza aus Pappschachteln essen, dass sie mit leeren Gesichtern an Porphyrsäulen und Engelsflügeln vorbeitrotten und auf Getränkekisten stehende Karnevalisten für die größte Attraktion der Stadt halten. Sie wissen es nicht besser, sagt er milde.

Läuft vor uns eine Gruppe von Amerikanern mit kurzen Hosen, die sich an ihren Mineralwasserflaschen festhalten, als gelte es nicht, den Markusplatz zu durchqueren, sondern die Wüste Gobi, Amerikaner, von denen jede einzelne Dame mindestens dreihundert Kilo wiegt, dann ist er voller Mitgefühl und überzeugt, dass sie unter einer geheimnisvollen Drüsenkrankheit leiden.

Der Italiener an meiner Seite schafft es, eine Gasse inmitten einer schwitzenden Schulklasse zu durchqueren und so strahlend daraus aufzutauchen, als hätte er ein erfrischendes Bad genommen. Er bewegt sich durch Reisegruppen wie ein Taucher durch glitzernde Fischschwärme, er drückt sich in Hauseingänge, damit eine französische Familie eingehakt nebeneinander durch die Gasse spazieren kann, er steigt über auf dem Boden schlafende Menschen hinweg, ohne sie zu wecken. Er regt sich lediglich über die Unfähigkeit der Stadtverwaltung auf, über ihre Bestechlichkeit und ihre Bereitschaft, Venedig für ein paar *centesimi* zu verkaufen. Er wird wütend, wenn er gierige Gondolieri und dreiste Wassertaxifahrer sieht. Aber die Touristen können nichts dafür, im Gegenteil. Er bedauert sie vielmehr dafür, seine Stadt in einem unvorteilhaften Licht sehen zu müssen, die Ärmsten. Und wenn auf dem Campo Sant'Angelo ein Südamerikaner steht, der schreiend nach der *Plaza San Martino* sucht, dann erklärt er ihm geduldig und auf Spanisch den Weg, Brücke für Brücke, Gasse für Gasse, *a la derecha, a la izquierda,* und wenn er ganz viel Zeit hat, dann bringt er ihn sogar noch persönlich zum Markusplatz, *por favor.*

Italien ist alt und weise. Und vergibt alles.

Eines Tages rief mich ein deutscher Geographiestudent an, der seine Diplomarbeit über das Verschwinden der Venezianer schrieb, was er allerdings nicht Verschwinden nannte, sondern *gentrification*. Er bat mich darum, ihm einige Fragen zu beantworten, und wir verabredeten uns für den frühen Abend im Florian. Ein paar Jahre Leben in Venedig, und schon ist man Forschungsgegenstand, dachte ich. Als ich Richtung Markusplatz zu unserem Treffen ging, fühlte ich mich wie eine vom Aussterben bedrohte Rohrdommel, der man einen kleinen Peilsender am Knöchel befestigt hat.

Der Student trug eine studentische Cordhose, einen studentischen Wollpullover und eine studentische Tasche und stand vor dem Eingang des Florian. Ich ging zu ihm hin und begrüßte ihn mit den Worten: Sie sind sicher der Student. Und der Student fragte: Woran haben Sie das gesehen?

Er setzte sich mit dem Rücken zur Markuskirche und begann ein kleines Tonbandgerät auf seine Funktionstüchtigkeit zu prüfen: Eins, zwei, drei, o.k., o.k., sagte er und fragte mich dann etwas ungalant nach meinem Alter, aus statistischen Gründen. Während er wieder mit dem Tonbandgerät hantierte, beobachte ich meinen rotgesichtigen Taubenfutterverkäufer, der mir freundlich zunickte. Der Student raschelte mit seinen Papieren. Dann fragte er mich: Wenn Venedig ein Geruch wäre, was wäre das?

Meerwasser mit Diesel, sagte ich.

Und ein Geschmack?

Fisch, sagte ich, Meerspinne, um genau zu sein.

Und eine Farbe?

Blau, sagte ich.

Warum Blau?, fragte er.

Wegen des Himmels und des Wassers, sagte ich.

Ein amerikanischer Künstler habe Grau gesagt, bemerkte der Student. Es sei hier immer grau. Von Oktober bis Juli.

Komisch, sagte ich und blickte auf den Himmel, in dem rosa getränkte Wolken trieben.

Sie wohnen also schon lange in Venedig, sagte der Student nun streng, und es klang, als fände er es vermessen. Stören Sie die Touristen nicht? Dann sprang er auf und lief einem Blatt hinterher, das ihm aus den Händen gerutscht war und nun von dem Flügelschlag der Tauben aufgewirbelt wurde.

Ich dachte daran, dass ich mir ständig vornehme, mich Touristen gegenüber so liebevoll und langmütig zu benehmen wie der Italiener, aber ich schaffe ich es nicht. Manchmal geht es sogar so weit, dass ich versuche, aus Boshaftigkeit eine ganze Reisegruppe zu entführen. Dazu reicht bereits ein kleiner Sonnenschirm. Wenn es heiß ist, können die Touristen den Sonnenschirm ihres Reiseführers nicht mehr von meinem unterscheiden und laufen hinter mir her, bis ich sie irgendwo in einer Gasse bei San Pietro di Castello stehen lasse und meinen Sonnenschrirm wieder schließe.

Und einmal kam ich vom Einkaufen nach Hause, als ich bemerkte, dass unser Aufzug besetzt war, was verdächtig ist, denn außer am Wochenende, wenn manche von den anderen Wohnungsbesitzern zu Besuch kommen, benutzen nur wir den Aufzug. Ich wartete eine Weile vor der Aufzugtür, und der Besetzt-Knopf leuchtete. Ich hörte nicht das übliche Schließen der Türen, nicht das Knacken der Leitungen, nichts. Stille. Schließlich vernahm ich eine Stimme. Eine Stimme, die etwas rief. Ich sah mich um, aber außer ein paar schunkelnden Japanern, die draußen im Kanal in einer Gondel vorbeifuhren, war niemand zu sehen. Ich legte mein Ohr an die Aufzugtür. Und dann hörte ich: Hilfe! Hilfe! Leise, aber deutlich wahrzunehmen. Erschrocken machte ich einen Schritt zurück.

Dann hörte ich wieder: Hilfe!, jetzt schon schwächer werdend.

Entschlossen rief ich in den Aufzugsschacht: Ist da jemand?

Ja, rief jemand. Ich bin hier! Ich stecke fest! Ich bin der Tourist!

Ich war fassungslos. Nicht nur, dass es bereits Touristen gegeben hatte, die in unserem Hof Picknick machten. Jetzt fahren sie schon in unserem Aufzug spazieren! Und mit welchem Selbstbewusstsein! Geschieht ihm recht, stecken zu bleiben. Von mir war keine Hilfe zu erwarten. Ich packte meine Einkaufstüten und wollte die Treppe hochgehen.

Wieder rief die Stimme: Ich bin es, der Tourist!

Ich fragte mich, was das zu bedeuten hätte: Was heißt hier DER TOURIST? War es in Venedig schon so weit gekommen, dass der Bürgermeister jedem Einwohner seinen persönlichen Touristen zugeteilt hatte? Nur ich hatte von dieser neuen Regelung nichts mitbekommen? Ein Tourist, den ich durch die Stadt führen müsste, der mit mir in meinem Bett schlafen und der von meinem Teller essen würde? Ein Tourist, für den ich verantwortlich wäre? Wenn er sich verlaufen würde, müsste ich eine Strafe zahlen? Wenn er Heimweh hätte, müsste ich ihn trösten?

Sie sind also der Tourist, rief ich in den Aufzugschacht.

Es dröhnte und polterte so, als würde der Tourist mit den Füßen gegen die Aufzugtür treten. Als Erstes müsste ich meinem Touristen die Benutzung eines Fahrstuhls beibringen. Und dass Gewalt zu nichts führt.

Nein, nein, schrie er. Ich bin kein Tourist! Ich bin der Florist! Der Floriisst! Ich wollte Ihnen Ihre Blumen bringen! Aber der Aufzug steckt fest!

Der Florist, ach so, sagte ich enttäuscht. Dann stieg ich die Treppen herauf, schloss die Tür auf und befreite ihn aus dem Blindflur, auf dem der Aufzug stecken geblieben war. Der Florist trug einen großen Strauß Lilien im Arm und eine Tüte mit Alpenveilchen. Sein Gesicht war rot und verschwitzt, er hatte die Aufzugtür mit bloßen Händen aufgestemmt. Sein Hemd war aus der Hose herausgerutscht.

Ich hielt Sie für einen Touristen, sagte ich entschuldigend. Er sah mich an, als ahnte er, nur knapp mit dem Leben davongekommen zu sein.

Daran dachte ich, während der Student seinem Blatt hinterherjagte. Endlich erwischte er es. Als er sich wieder setzte, sagte ich: Um auf ihre Frage zurückzukommen: Nein, mich stören die Touristen nicht. Das wäre vermessen.

Er trug meine Antwort in dem Fragebogen ein. Und fragte nun streng: Wissen Sie, was der dritte Raum ist?

Nein, sagte ich, ich weiß ja nicht mal, was der erste Raum ist.

Also, sagte er, der dritte Raum ist das Bild, das sich jemand über etwas macht, und das er dann findet. Wenn sich also jemand unter Venedig Nebel vorstellt, dann sucht er und findet ihn.

Das leuchtet mir ein, sagte ich. Ist ja nicht schwer, mit dem Nebel, außer im Sommer.

Nun schob der Student ein Blatt Papier über den Tisch. Zum Abschluss sollte ich Venedig zeichnen, schematisch, sagte er. Ich bemerkte, dass ich schon als Kind nicht mal einen Baum malen konnte. Ich solle Venedig so zeichnen, wie ich glaubte, dass sich Leute Venedig als dritten Raum vorstellen.

Ich weiß nicht, wie sich Leute Venedig als dritten Raum vorstellen, sagte ich. Vielleicht verlaufen sie sich darin.

Dann versuchte ich eine Brosche zu malen, aus der ein paar Juwelen herausgebrochen sind. Sie sah aus wie eine frisch gerupfte Ente.

Tut mir leid, sagte ich.

Und der Student sagte: Macht nichts.

6.

Wie eine letzte Zugabe leuchtet der Himmel über dem Markusplatz noch mal violett auf. Die Schatten werden immer länger, bis sie sich ganz auflösen, wie der sommerliche Dunst zuvor. Das englische Paar neben mir bestellt nun Toast und Tramezzino. Ich sehe, wie die Frau wieder versucht, sein Knie ganz leicht mit den Fingerspitzen zu berühren. Aber er bemerkt es immer noch nicht. Sie zieht ihre Finger wieder zurück, trinkt etwas Wein, ebenfalls schweigend, er trinkt das Bier in großen Zügen, wie Wasser. Beide schweigen weiter.

Vermutlich sind sie auf Hochzeitsreise. Würde der Italiener an meiner Seite nun sagen, der für alles Verständnis hat. Auch für die Eigenart angelsächsischer Völker, immer und zu allen Uhrzeiten essen zu müssen. Noch dazu stumm. Ich sehe, wie die Engländerin mit einer Gabel die obligatorische Dekorationstomate beiseite schiebt. Das würde dem Italiener an meiner Seite gefallen.

Denn für ihn kann ein Tomatenachtel ein Grund sein,

ein Gericht wieder zurückzugeben. Solange wir Venedig nicht verlassen, wo in den Restaurants unseres Vertrauens das gesamte Personal vom Oberkellner bis zum Tellerwäscher auf seinen besonderen Fall von Tomatenpsychose eingeschworen ist, gelingt es uns, der Tomate aus dem Weg zu gehen, etwa, indem der Italiener an meiner Seite die Pizza nur *in bianco* isst, wobei er so tut, als sei die tomatenbelegte Pizza ein Verbrechen an der Menschheit.

Schwierig ist es auf Reisen. Man glaubt gar nicht, wo Tomaten überall auftauchen können. Sie lauern versteckt unter Salatblättern am Tellerrand, sie tarnen sich als roter Paprika und schleichen sich in jede Soße ein. Immer wieder muss der Italiener an meiner Seite dabei die Erfahrung machen, dass es nicht ausreicht, bei der Bestellung ein Bitte-ohne-Tomaten-ich-bin-allergisch-gegen-Tomaten anzuhängen, weil die Frage: Tomate oder nicht Tomate? oft eine Frage der Deutungskunst ist. Wenn er ein Gericht zurückgehen lässt, versuchen sich die Kellner herauszureden: Man könne Tomatenmark nicht als Tomate bezeichnen. Oder: Eine getrocknete Tomate sei keine Tomate. Manchmal entfernen sie auch einfach nur das Tomatenachtel vom Tellerrand. Und übersehen dabei ein paar Tomatenkerne, die für den Tomatenphobiker eine ebenso harte Probe sind wie das Einatmen von Lösungsmitteln für einen Asthmatiker.

Bis heute versucht er, mir den Genuss von Tomaten auszureden. Er versuchte es erst gestern Abend, als wir in dem Restaurant unweit des Campo Santa Maria Formosa saßen, in dem wir häufig essen. Es ist ein sehr kleines Restaurant. Die Küche ist so groß wie eine Duschkabine, der Saal eine

Abstellkammer, und es ist fast immer ausgebucht. Weshalb wir den Koch erst beschimpfen müssen, damit er uns einen Platz gibt. Das Restaurant ist im Wesentlichen ein Zweimannbetrieb, es gibt Bruno, den Koch, und Luca, den Maître, und manchmal eine Moldawierin, die mit beleidigtem Gesicht die Gerichte aufträgt.

Wir saßen auf kleinen, harten Stühlen und hatten uns gerade erst beklagt. Wie alle Venezianer, die auf sich halten. Das mag ein Grund dafür sein, dass Venezianer in der venezianischen Gastronomie die unbeliebtesten Gäste sind. Wir hatten uns zuerst über das zu grelle Licht beklagt, in dem wir uns wie in einem Operationssaal fühlten. Dann über die harten Stühle. Schließlich hatten wir noch etwas darüber gemurrt, dass der Pfirsichkuchen, den sich der Italiener wünschte, nicht in der Auslage stand, und dass keine Baisers vorrätig waren, die ich gerne zum Kaffee bestellt hätte. Und dann fiel der Blick des Italieners auf den Nebentisch. Vier Amerikaner aßen Spaghetti. Mit Muscheln und Tomaten und Basilikum. Voller Abscheu wandte er den Blick ab und fragte mich, warum die Amerikaner die Spaghetti unbedingt mit Muscheln und Basilikum und Tomaten essen müssten, wobei Muscheln und Basilikum allein doch völlig ausreichend seien, um den Spaghetti Geschmack zu geben.

Er blickte mit dem gleichen Widerwillen auf die tomatenessenden Amerikaner, mit dem ich ihn betrachtet habe, als er einmal in New York in einem chinesischen Restaurant vor meinen Augen Dim Sum mit lebenden Würmern aß. Er rühmt sich, in Afrika frittierte Heuschrecken gegessen zu haben und Quallensuppe in Peking sowie eine Schlange in Tientsin, die lebend auf ein Brett genagelt worden sei, ein Nagel in den Kopf, ein Nagel in den Schwanz, und die dann gehäutet wurde, *zickzickzick* in kleine Stücke zerteilt und im Wok gebraten, wobei die Stücke noch gezuckt hätten.

Sowohl Bruno, der Koch, Luca, der Maître, als auch die Moldawierin wissen um die Tomatenallergie des Italieners an meiner Seite. Und nicht nur das, sie wissen auch von seiner Knoblauchaversion. Die keineswegs erstaunt. Jeder Italiener, der auf sich hält, pflegt eine Nahrungmittelphobie. Säße meine Freundin Angela mit uns am Tisch, dann hätte sie bei der Vorspeise das ganze Lokal an ihrer zeitweilig aus dem Nichts auftauchenden Hartweizenallergie teilhaben lassen, die sie dazu nötigt, auf Vollkornspaghetti auszuweichen, die jedoch eine sehr unappetitliche Farbe haben, selbst wenn sie gekocht sind, weshalb sie lieber Risotto isst, der jedoch in Sizilien, wo sie lebt, viel weniger bekömmlich sei als in Norditalien, wie sie immer erklärt.

Hätte unser Freund Antonio den Abend mit uns verbracht, dann hätten wir über seine rätselhaften nächtlichen Schweißattacken geredet, die jede norditalienische Pizza bei ihm auslöst, nicht hingegen die Pizzen seines kampanischen Heimatdorfes. Und meine apulische Freundin Fiorenza hätte die Verträglichkeit handgeformter, apulischer *orecchiette* gepriesen – und zwar mit einer Ernsthaftigkeit, als seien *orecchiette* nicht lediglich hütchenförmige Teigwaren, sondern eine medizinische Maßnahme zur Förderung der Gesundheit. Und dann hätte sie von den beiden Amerikanerinnen erzählt, die sie am Morgen auf dem

Campo San Bortolomeo gesehen habe: Unter den Sonnenschirmen der chinesischen Bar hätten zwei Frauen gesessen und *Pasta asciutta* gegessen. Um zehn Uhr morgens. Mit Tomatensauce. Und *Grissini*. So tief sei Italien gesunken, dass Amerikanerinnen zum Frühstück Pasta mit Tomatensauce und Grissini verzehrten, die von Chinesen zubereitet worden sei. Obendrein hätten sie zur morgendlichen Pasta Rotwein getrunken. Rotwein. Wenn es wenigstens Weißwein gewesen wäre.

Und dann trug Luca das Menü vor.

Was nicht selbstverständlich ist. Manchmal trägt er auch gar nichts vor, sondern sagt nur: *Oui, oui, très bien*, kritzelt etwas auf dem Bestellblock, verbeugt sich, sagt: ausgezeichnete Wahl!, und dann müssen wir genau das essen, was er für uns ausgesucht hat. Aber gestern Abend durften wir selbst entscheiden. Der Italiener entschied sich für Steinbutt, setzte allerdings durch, dass er gegrillt würde. Zum Dünsten sei ein Butt zu fett, sagte der Italiener, was Luca beweifelte, worauf der Italiener eine längere Ausführung zum Thema Fettgehalt des Butts folgen ließ. Und zu Steinpilzen, die, wenn sie mit dem Butt gedünstet würden, keineswegs ihren Geschmack an den Butt abgäben, sondern wässrig und gummiartig würden. Also wünschte er, dass die Steinpilze ebenfalls gegrillt werden sollten. Wobei er es jedoch nicht unterließ, Vorbehalte zu äußern: Gelten doch am Abend genossene Steinpilze als schwer verdaulich. Er bestellte auch gekochte Fischvorspeisen, während ich mich für Meeresträffel entschied und für gegrillten Anglerfisch mit *radicchio*, wohl einräumend, dass der *radicchio* so wie ich ihn mag, nämlich fest und nicht zerkocht, auch nicht sehr bekömmlich sei.

Dann brachte der Italiener das Gespräch auf die durch nichts zu rechtfertigende Herrschaft des Knoblauchs. Bis heute könne er sich nicht erklären, wie er sich in mich habe verlieben können, obwohl mein Atem an jenem Abend im September verraten habe, dass ich Knoblauch gegessen hatte. Und zwar in beträchtlicher Menge. Und als die Kellner damals in dem syrischen Restaurant die Vorspeisenschälchen vor uns auf dem Tisch abgestellt hätten, Vorspeisen, die nicht nur durch Tomaten ungenießbar gemacht worden waren, sondern auch durch Knoblauch verpestet, habe er sich gefragt, wie er es schaffen würde, den Abend anständig hinter sich zu bringen.

Knoblauch sei Gift. Niemand in Italien esse Knoblauch. Außer sardischen Schafhirten, apulischen Olivenbauern und deutschen Touristen. Wer Knoblauch esse, dem sei auch alles andere zuzutrauen. Der schätze auch Rosenkohl. Trinke *Caffè latte* zu *Spaghetti al ragù*. Und merke nicht mal, dass die *Torta della Nonna* ein Fertigkuchen von Bindi ist.

Dann erinnerte er sich daran, dass er am Abend zuvor Kapern gegessen hatte. Er deutete auf die Höhe des Brustbeins, sagte: Ach! Ich habe mich die ganze Nacht im Bett herumgewälzt!, und blickte auf mich, schaudernd und vorwurfsvoll zugleich und fragte: Und du? Hast du die Kapern nicht gespürt? Verarbeitest du etwa alles?

Und als ich gestand, trotz Kaperngenusses am Vorabend traumlos geschlafen zu haben, wertete er das als Bestätigung dafür, dass ihm die Deutschen immer unheimlich sein werden. Ein Volk, das Kapern kiloweise vertrage, sei zu allem fähig.

Die Moldawierin servierte uns die kleinen gekochten Fischvorspeisen. Krabben und Meeresheuschrecken. Während der Italiener die Meeresheuschrecken von ihrer Schale löste, thematisierte er die Uneinsichtigkeit nordeuropäischer Völker, die Pasta anders als *al dente* zu essen, weshalb selbst in vielen italienischen Restaurants inzwischen verkochte Pasta gang und gäbe sei. Dann begann er, kleine Tintenfische und Kraken zu verzehren. Er zerlegte sie wie ein Chirurg und aß nicht nur die Beine, sondern auch den Tintenfischkörper, der in der Mitte geteilt worden war und dessen Inneres grünlich schimmerte.

Ich weiß noch, wie ich ihn zum ersten Mal beim Fischessen beobachtet habe. Es war in einem Strandlokal am Lido, und der Italiener hatte sich einen Fisch bestellt, der frittiert worden war und auch so serviert wurde: weder filetiert, noch entgrätet, sondern ganz. Ich sah, wie der Italiener den Fisch mit den bloßen Fingern griff und in ihn hineinbiss, die Flossen verzehrte er so genüsslich, als handelte es sich um knusprige Hähnchenhaut, und als er dem Fisch auch noch den Kopf abbiss, wäre ich fast ohnmächtig vom Stuhl gefallen. Am Ende blieb nur noch die Gräte übrig. Ich hatte so etwas noch nie in meinem Leben gesehen. Fisch hatte ich stets misstraut. Außer in Form von Fischstäbchen.

Und nun sagte der Italiener: Die Deutschen essen alles. Gurken zum Beispiel. Kann mir jemand erklären, wie man

Gurken essen kann, diese langen, wenn man nicht einen Straußenmagen hat?

Was ist ein Straußenmagen?, fragte ich.

Ein Straußenmagen, sagte er. Alle Deutschen hätten einen Straußenmagen. Oder ob ich wirklich nicht wisse, dass der Strauß Steine fresse? Diese fresse er, weil er den Kalk benötige, um Eier zu legen. Und er brauche sehr viel Kalk.

Das sagte der Italiener, während er eine kleine Meeresschnecke wie einen Wurm aus ihrem Häuschen zog. Während er auf das leicht moosige Schneckenhaus einer weiteren Meeresschnecke klopfte, die so tief darin steckte, dass er sie nicht mit der kleinen Nadel herausziehen konnte, führte er einen weiteren Beweis dafür an, dass der Deutsche einen Straußenmagen hätte: den Schweinsbraten. Ein Schweinsbraten bringe einen Italiener um. Der Deutsche aber lebe nach einem Schweinsbraten erst richtig auf. Oder nach einer Portion *crauti*. Die Deutschen müssten *crauti* essen, so, wie die Chinesen den Kohl benötigten. Ohne Kohl seien die Chinesen tot.

Kein Mensch in Deutschland isst mehr Sauerkraut. Alle Deutschen essen italienisch, sagte ich.

Dieser Einwand wurde nicht zur Kenntnis genommen, weil sich der Italiener genau daran zu erinnern glaubte, dass in München zu jeder Nürnberger Rostbratwurst *crauti* serviert worden sei. Und für das, was man in Deutschland für italienische Küche halte, würde man in Italien exkommuniziert! Knoblauch und Zwiebeln! Zwei Todsünden!

Das waren die Stichworte, auf die Luca offenbar nur gewartet hatte, um von seinem Urlaub in Frankreich zu berichten. Er war ins Burgund gereist, gilt doch das Burgund als die Region Frankreichs, in der man am besten esse.

Und?, fragte der Italiener.

Luca führte seine Hand an den Magen und ließ sie kurz darauf ruhen, ganz so, als müsse er sich von einem Schlag erholen. Dann sagte er: Butter-Sahne-Saucen.

Der Italiener schüttelte sich und sagte gruselnd: Die Franzosen beerdigen alles unter ihren Butter-Sahne-Saucen!

Und überall sind Zwiebeln drin!, sagte Luca.

Schon ergingen sie sich in weiteren Beleidigungen der französischen Küche. Zwiebelsuppe! Miesmuscheln, gekocht in Zwiebel-Sahne-Sauce! Blutiges Fleisch! Nichts verbindet Italiener mehr als das Schmähen alles Französischen, ganz Frankreich sei überschätzt, die Franzosen geizig, die Weine verschnitten mit sizilianischen, die Mode inspiriert von Italien, die Landschaft eine verregnete Kopie der italienischen.

Nun begann der Italiener an meiner Seite, das Zwiebel-Dogma zu beschwören, welches besagt, dass Zwiebeln zwei Monate in italienischen Mägen liegen bleiben, außer es handele sich um die Mägen sardischer Singvögeljäger, die selbst Mühlsteine verdauten. Das Zwiebel-Dogma ist einer der drei Glaubenssätze, zu denen es sich zu bekennen gilt, wenn man in Italien ernst genommen werden möchte. Es wird gefolgt vom *Pesce-azzurro*-Gebot: Blaufische wie Sardinen, Makrelen oder Sardellen gelten als schmackhaft, aber vollkommen unverdaulich. Und das Kohl-Dekret besagt, dass sich Kohl, egal, ob er als Rosenkohl, Blumenkohl oder Rotkohl daherkommt, nur als Viehfutter eigne.

Luca brachte das Gespräch wieder zurück nach Italien, indem er kurz die toskanische Küche verhöhnte, weil eine gewisse Häme gegenüber regionalen Eigenheiten immer ergiebig ist. Die toskanische Küche gilt als die Küche, die sich seit den mittelalterlichen Belagerungszuständen nicht mehr weiterentwickelt habe: nichts als Dinkel und Kichererbsen! Das ermutigte den Italiener an meiner Seite, die sizilianische Küche zu verspotten: Eine Insel, sagte er mitleidig. Da halte man nach saurer Schafsmilch schmeckende Süßigkeiten bereits für den Gipfel kulinarischer Kunst. Das sei in Sardinien nicht anders. Die Sarden hätten bis heute nicht ihr Misstrauen gegenüber dem Meer und seinen Bewohnern überwunden. Wildschweinschinken und Eselswurst!, sagte er.

Die Amerikaner vom Nebentisch waren inzwischen beim *secondo* angelangt, sie aßen Seebarsch und sprachen über George Bush. Und über den Klimaschutz. Über die Missetaten der katholischen Kirche. Und über die Rohölpreise.

Und der Italiener sagte: die Ärmsten. Denn er ist immer bereit, zu vergeben. Kein Wunder, dass die ganze Nation übergewichtig sei! Oder drüsenkrank! Wenn sie schon bei der Vorspeise über pädophile Priester redeten! Sie wissen es nicht besser, sagte er milde. So, wie ich es damals auch nicht besser gewusst hätte. Der Knoblauch. Wie er das nur habe ertragen können? Irgendwann habe er einfach nichts mehr gerochen.

Das englische Paar sitzt immer noch stumm neben mir unter den Arkaden und blickt auf den Markusplatz, als erhoffte es sich von ihm eine unerwartete Wendung für ihr Leben. Dann bittet der Engländer Signor Claudio um die Rechnung. Die Engländerin steht auf und macht ein paar Schritte in die Richtung des rotgesichtigen Taubenfutterverkäufers, bei dem sie eine Tüte Mais kauft. Signor Claudio bringt das Wechselgeld und bedankt sich mit einer Verbeugung, die der Engländer jedoch nicht bemerkt, weil er sich gerade seine Schuhe wieder anzieht. Schließlich laufen die beiden Engländer über den Markusplatz. Als sie sich auf der Höhe des Markusplatz-Fotografen befinden, bleiben sie mit etwas Abstand von ihm stehen. Schließlich nähern sie sich ihm. Lesen das *Express 30 minutes*. Tuscheln. Und bitten den Markusplatz-Fotografen, ein Foto von ihnen zu machen. Etwas steif stehen sie vor ihm, vom Abendlicht schmeichelhaft beleuchtet, inmitten von Tauben, die immer näher kommen. Wie bei Hitchcock.

7.

Vor dem Napoleonischen Flügel stellt sich eine polnische Schulklasse zum Erinnerungsfoto auf, in gerader Linie zum Markusdom. Die erste Reihe kniet, die zweite steht. Ein blondes Mädchen fotografiert. Solange sie fotografiert werden, schweigen alle, kaum aber haben sie sich aus der Gruppenpose gelöst, kreischen die Mädchen. Eigentlich müssten sie schreien wegen der überwältigenden Schönheit des Platzes, der wie ein Trugbild aus dem Labyrinth der venezianischen Gassen aufsteigt, sie aber schreien wegen der Tauben und wegen der Jungen. Die Jungen tragen Schellenhüte, die sie zuvor beim Souvenirhändler gekauft haben und die sie nun in die Luft werfen, und ich frage mich, wie es wäre, direkt am Markusplatz zu wohnen, wie es wäre, jeden Morgen, jeden Abend, jahrzehntelang dieses Brausen zu ertragen, eine Geräuschkulisse wie auf einem gewaltigen Schulhof. Dazu das Flattern der Tauben, das klingt, als würde eine riesige Stoffbahn in der Luft knattern. Und die Musik der Kaffeehausorchester. Tschaikowskys Blumenwalzer. Strauß' Pizzicato Polka. *Il primo amor sei tu.* Morgens, mittags, abends. Jemand stirbt, und draußen auf der Piazza wird der ungarische Tanz gespielt.

Der einzige Mensch, der am Markusplatz wohnte und den ich kannte, war der Uhrmacher im Uhrenturm, ein seltsam altersloser Mann, irgendwo zwischen einem früh erschöpftem Jüngling und einem jugendlichen Greis. Da, wo nun ein automatisches Uhrwerk arbeitet, lebte er. Er war im Uhrenturm gezeugt und geboren worden und kümmerte sich um die Uhr wie um eine bettlägerige Alte. Das Handwerk hatte er von seinem Vater gelernt, beiläufig, wie andere Kinder das Reifenflicken. Als ich ihn besuchte, führte er mich durch seine verwinkelte Wohnung, durch die niedrigen Räume, die übereinander gestapelt waren wie ein Tramezzino und verbunden durch eine schmiedeeiserne Wendeltreppe, durch das Uhrwerk, das ein ganzes Stockwerk einnahm und dessen Pendelbewegung die Wohnung beherrschte. Dann beschwerte er sich über den Lärm. Ich stimmte ihm zum, denn wir konnten uns kaum unterhalten, alle fünf Minuten kündigte die Uhr mit einem Tusch an, dass die Ziffern in ihre neue Position fielen, es rasselte und blökte und zischte, bis der ganze Raum mit Geräuschen ausgefüllt war. Und zu jeder vollen Stunde hatte ich in der Wohnung das Gefühl, als probte auf meinem Kopf ein ganzes Orchester. Er aber hörte die Uhr nicht mehr. Er hörte nur die Reisegruppen, die Tauben, die Markusplatz-Orchester. Er könne sich an manchen Tagen nicht konzentrieren, sagte er, die Orchester spielten bis Mitternacht, es sei unerträglich.

In der Werkstatt war jeder Winkel mit Büchern und Uhrmacherwerkzeugen ausgefüllt: Regale voller Universalenzyklopädien und Wörterbücher der Theologie neben einem Uhrmacherdrehstuhl, Pascals *Pensées* neben Staubpinseln und Schraubenziehern, denn der Uhrmacher war Doktor der Philosophie und hatte sechshundert Seiten über Blaise Pascal geschrieben, er interessierte sich für Erdkrustenforschung sowie für die Geschichte der Entdeckung der Welt, und er liebte Händel.

Der Uhrmacher verreiste nie. Er fand schon meine Frage obszön. Schließlich verreise er jeden Tag im Kopf. Wenn er an seinem Schreibtisch saß, sah er den Markusplatz, den Campanile, die Piazzetta, die Tauben und die Touristen und zitierte Pascal: Alles Unglück in der Welt kommt daher, dass man nicht versteht, ruhig in einem Zimmer zu sitzen. Der Ausblick aus seinem Fenster war seit Jahrhunderten unverändert, einzig die Jahreszeiten wechselten. Ich fragte ihn, ob im das Grün nicht fehle. Schließlich könne er von seinem Fenster aus die Jahreszeiten nicht an der Farbe des Laubs erkennen. Er brauche das Grün nicht, sagte er. Er erkenne die Jahreszeiten an den Urlaubern: Im Frühjahr regne es Schulklassen, im Sommer schwitze der Himmel Badegäste aus, im Herbst fielen französische Rentner in Popeline wie Blätter vom Baum, im Winter schneie es blau gefrorene Engländerinnen, barfuß in Sandalen, Engländerinnen, die nichts davon abbringe, daran zu glauben, dass es in Italien ewig warm sei.

Heute wohnt der Uhrmacher im Viertel Cannaregio. In einer sehr ruhigen Wohnung, wie er mir versicherte, als ich ihn in einer Gasse unweit von San Lio traf. Wie immer ging er gebeugt. Das Denkmalschutzamt sprach ihm sein Wohnrecht im Uhrenturm ab. Seither geht er nur noch selten über den Markusplatz. Er fühlt sich aus dem Paradies vertrieben.

Anders als dem Uhrmacher fehlt mir das Grün. Ich gestehe es ungern. Wenn ich zum Lido fahre, blicke ich sehnsuchtsvoll auf die Zypressen, Pappeln und Platanen der Biennale-Gärten. Und hinter dem Markusplatz befinden sich die von Napoleon eingerichteten *Giardini Reali*. Aber außer Hundebesitzern kommt kein Venezianer auf die Idee, die Giardini zu besuchen. Auch ich hatte bis vor kurzem ganz vergessen, dass sie existierten. Da fiel mir in der *Frezzeria* etwas vor die Füße, das aussah wie ein kleiner, schwarzer Schatten. Eine Schwalbe. Einen Herzschlag lang stockte das Leben in der Gasse, Touristen, Lastenträger, Venezianer, alle blieben stehen und beugten sich über die Schwalbe wie über einen Menschen, der in Ohnmacht gefallen war. Die Schwalbe lag auf dem Bauch, mit ausgebreiteten Flügeln und blickte uns an. Ich hob sie hoch, ohne zu wissen, wie ich ihr helfen konnte. Sie war sehr zart, und ihr Herz klopfte. Ein kleiner Mann, der aussah wie einem Stummfilm entsprungen, in einem Glencheck-Anzug, mit Einstecktuch und Panamahut, drängte sich neben mich. Er zog aus seiner Tasche ein großes Herrentaschentuch hervor und wickelte die Schwalbe darin ein wie ein Unfallopfer.

Ich werde sie in die *Giardini Reali* tragen, verkündete er mit großer Geste, sie braucht etwas Grün! Es klang, als hätte das Grün Zauberkräfte – für Venezianer wirkungslos, für Vögel und Nichtvenezianer jedoch Heil bringend. Nur im Grün würde die Schwalbe wieder fliegen lernen. Und als er durch die *Frezzeria* ging, in beiden Händen die Schwalbe tragend, da teilte sich der Strom der Menschen vor ihm so ehrfurchtsvoll wie vor einem Hexenmeister.

Manchmal wird meine Sehnsucht nach Grün so groß, dass ich Venedig verlassen muss. Als der Italiener und ich einmal im Mai durch die Dolomiten fuhren, war ich schon gerührt, als ich einen blühenden Kastanienbaum sah. Der Anblick einer Eiche überwältigte mich, und beim Betrachten einer Silberpappel wurde ich rührselig. Und das, obwohl ich mich nie für Bäume interessiert habe. Erst seitdem ich in Venedig lebe, lese ich Baumbestimmungsbücher: *Bäume und Sträucher Mitteleuropas. Wald- und Parkbäume. Laub- und Nadelbäume Europas.* Seither kann ich allein durch Blick auf den Blattrand das gewellte Blatt einer Rotbuche von dem doppelt gesägten Blatt einer Hainbuche unterscheiden. Ich hielt mein Baumbestimmungsbuch in der Hand und versuchte aus der Ferne und im Vorbeifahren eine Weißtanne von einer gemeinen Fichte zu unterscheiden. Und als ich Moosgrün und Resedagrün und Lindgrün pries und den Venezianer zu begeistern versuchte für Mistelsträucher und Hainbuchen, für Lärchen und Ebereschen, für Esskastanien, Hecken und Strauchinseln, für eine Buche mit tief herabgezogener Krone, die auf einer

Wiese stand wie eine Königin, die mit Verachtung auf das umgebende Gras herabblickte, da sagte er nur: Ja.

Für ihn hat es Kastanienbäume und Eichenalleen und Silberpappeln nie gegeben. Er kann Tintenfische im Licht einer Taschenlampe fangen und weiß, dass sie am liebsten in Körben ihre Eier ablegen. Er kennt sich mit Krebsen aus, er weiß, wann sie ihre Schale wechseln und dass man sie nur im Morgengrauen fangen kann, wenn sie zwischen den Felsen auf die Suche nach Futter gehen, an einem kleinen Loch im Sand erkennt er die sich darunter versteckenden *cape lunghe*, die man von der Seite greifen muss, weil sie sich sonst blitzschnell tief in den Sand graben, er hat als Kind in der Lagunenmündung nach Miesmuscheln getaucht, weil dort die größten Muscheln wuchsen, er hat die Muscheln in Büscheln gepflückt, die schwerer waren als er selbst, aber er kann eine Hortensie nicht von einer Schirmpinie unterscheiden. Der einzige Baum, den er kennt, ist die Zypresse. Totenbaum sagt er, weil die Zypresse auf der Friedhofsinsel San Michele wächst. Für Tote sei die Zypresse nützlich, weil ihr Wuchs so beschaffen sei, dass sich die Vögel nicht auf ihre Äste setzen und demzufolge auch nicht die Gräber beschmutzen können. Damit erschöpft sich sein botanisches Wissen. Ansonsten glaubt er, dass Tomaten auf Bäumen wachsen und dass man Tannenzapfen essen kann.

Überhaupt Tannen. Der einzige Moment im Jahr, an dem man etwas Grün auf dem Markusplatz sehen kann, ist Weihnachten. Jedes Jahr widmen die venezianischen Tageszeitungen eine ganze Seite dem Aufstellen und dem

Ursprung der Tanne, *dieses Jahr verehrt das Land Kärnten der Stadt den Weihnachtsbaum!* Und dann steht auf der Piazzetta dei Leoncini eine magere Fichte, die in der Mitte kahl ist und keine richtige Spitze hat. Ein Dritte-Wahl-Weihnachtsbaum, was aber nur mir auffällt, denn nicht nur der Venezianer an meiner Seite, sondern ganz Venedig ist resistent gegen jede Art von weihnachtlichem Dekorationswahn. Gemächlich hängt man am Heiligen Abend vormittags ein paar Lichterketten auf – die dann bis Karneval hängen bleiben. Die bedauernswerte Weihnachtsfichte wird erst am Nachmittag des Heiligen Abends neben den beiden roten Marmorlöwen auf der Piazzetta dei Leoncini aufgestellt und bleibt der einzige Weihnachtsbaum der Stadt. Die Dekoration überlässt man den Müllmännern, die ökologische Bediener genannt werden, *operatori ecologici*. Sie schmücken den Weihnachtsbaum, indem sie ihn mit Lichterketten, Goldschleifen und Weihnachtskugeln bewerfen. Sie feuern sich gegenseitig an wie beim Jahrmarktschießen. Sie lachen, wenn der Stern im Wipfel hängen bleibt, und sie jubeln, wenn eine Schleife endlich sitzt. Sie schwingen die Lichterkette wie das Seil eines Vaporetto beim Anlegen und klatschen, wenn sie nicht wieder runterfällt.

In mir hingegen bricht schon vier Wochen vor Weihnachten schweres Deutschtum aus. Was der Italiener an meiner Seite an den winzigen Weihnachtsmännern bemerkt, die über unser Küchenregal marschieren und die nur ich lustig finde. Dann kommen Heerscharen übergewichtiger Engel hinzu, die sich an Fensterkreuzen erhängen.

Adventsgestecke verstellen den Blick auf den Fernseher, in der Küche steht ein Weihnachtsstrauß von der Größe eines Schulkindes, im Badezimmer duftet es dank Weihnachtsbouquets nach Zimt und Nelken, die Seife riecht nach Spritzgebäck. Das ist der Moment, in dem der Italiener sagt: Komm bloß nicht wieder auf die Idee, einen Weihnachtsbaum zu kaufen!

Jedes Jahr versucht er ebenso glücklos wie beharrlich einen Weihnachtsbaum zu verhindern, wobei der Italiener sich so aufführt, als handele es sich dabei um einen Einsatz für Greenpeace: *Rettet die Edeltanne*. Da hatte ich bereits den Vorschlag des Italieners ignoriert, einen Plastiktannenbaum aufzustellen, den man nach Gebrauch wie einen Regenschirm wieder einklappen könne; ich hatte einen Weihnachtsbaum beim Blumenhändler in der Calle de la Mandola bestellt und angezahlt und war nur noch von der Frage bewegt, warum es in Venedig immer noch keine Blautannen gibt. Es gibt auch keine Rottannen, keine Weißtannen, es gibt eigentlich überhaupt keine richtigen Edeltannen, es gibt nur minderwertige Bäumchen, in der Mitte völlig dürr, die Spitze schief. Mickerige Fichtchen, die schon zu nadeln anfangen, wenn man sie streng anguckt. Aber ich habe keine Wahl. Ich muss den Tannenbaum so nehmen, wie er mir geliefert wird. Es gibt auch keine vernünftigen Christbaumkugeln, nur pietätloses Plastikzeug, hektisch blinkende Lichterketten und Schneeflocken aus Watte. Ich hingegen bringe Christbaumkugeln aus Deutschland mit, bronze matt und bronze glänzend, direkt vom Münchner Christkindlmarkt, Paradiesvögel und Engelshaar und Lametta und Perlentropfen und Eiskristallkugeln, und am Heiligen Abend duftet es nach Tanne. Das Glück.

Schon nach dem zweiten Feiertag bessert sich mein Zustand deutlich. Das Deutschtum und die Weihnachtsseligkeit fallen von mir ab wie die Nadeln vom Tannenbaum. Plötzlich sind mir die Flöten spielenden Engel peinlich. Ich kann keinen Zimtgeruch mehr ertragen und würde den Weihnachtsbaum am liebsten heimlich in den Kanal werfen. Denn die venezianische Müllabfuhr fühlt sich für Weihnachtsbäume nicht verantwortlich, mitgenommen wird nur, was in eine Mülltüte passt. Wenn ich dann versuche, den Baum zu zerlegen, erbarmt sich der Italiener meiner und hilft mir die Tanne zu zersägen und sie in schwarze italienische Mülltüten zu pressen, wobei er mich so vorwurfsvoll anschaut, als sei er mir bei der Beseitigung einer Leiche behilflich. Und später, wenn ich wieder durch die Gassen gehe, dann hoffe ich, dass der Müllmann mir nicht ansieht, dass die Leiche auch in diesem Jahr wieder von mir war.

Die Indifferenz dem Grün gegenüber geht so weit, dass der Italiener sogar Pflanzen in der Wohnung ablehnt, den Ficus Benjaminii blickt er so bedauernd an wie einen Hund, den man im Zwinger hält. Pflanzen und Hunde gehören nicht nach Venedig, findet er. Und so gleichgültig, wie er sich dem Grün gegenüber verhält, so leidenschaftslos betrachtet er die Welt außerhalb von Venedig. Ganz im Sinne von Blaise Pascal. Er würde nie um des Reisens willen reisen. Er will Venedig eigentlich überhaupt nicht verlassen. Wozu?, fragt er. Schließlich bestehe die Welt außerhalb Venedigs weitestgehend aus Landschaft, und Landschaft interessiert ihn nicht. Berge bedrücken ihn, und der Rest sind Baumärkte, Fußgängerzonen und Industrieruinen. Und Flüsse, die in nur eine Richtung fließen. Woanders ist das Essen meistens schlecht, und niemand nimmt auf seine Tomatenphobie Rücksicht. Er verlässt Venedig nur, wenn er muss. Im Wesentlichen, um nach Peking zu fahren. Und nach Mestre.

In Peking geht er auf die Suche. Auf schmutzstarrenden und übel riechenden Antiquitätenmärkten sucht er nach Dingen. Nach Dingen, die verkannt wurden. Nach Dingen, die er nicht braucht. Nach Dingen, die er retten will. Haufen verstaubter Hölzer und rostige Metallscheiben, in denen er Harmonie und Erhabenheit und Anmut spürt, und die sich in seinen Augen verwandeln, in einen Altartisch, einen Gong, einen Vogelkäfig.

Nach Mestre fährt er nur, wenn es wirklich nicht anders geht. Gestern war es wieder so weit. Er hatte schon seit Tagen davon gesprochen. Freitag fahre ich nach Mestre, sagte er schon am Montag. Übermorgen muss ich nach Mestre, sagte er am Mittwoch. Morgen fahre ich nach Mestre, sagte er am Donnerstag. Bevor er nach Mestre fuhr, zog er ein Paar schwarze Schuhe an. Er trägt eigentlich nie schwarze Schuhe, und genau deshalb hatte er diese Schuhe gekauft, um das Schicksal zu überlisten, er meinte, ein Zeichen setzen zu müssen, er glaubt, dass neue Schuhe übersinnliche Kräfte haben, die ihn schützen, gegen den bösen Blick, gegen Mestre, gegen diese Missbildung von einer Stadt, gegen die Hässlichkeit, das Gräuel, gegen die Fratze, Venedigs Zerrbild.

Eigentlich sehe ich von Mestre nichts, sagte er beschwörend, bevor er das Haus verließ. Ich steige in Venedig in den Zug ein und in Mestre aus, und ich werde am Bahnhof mit einem Auto abgeholt.

Ja, sagte ich, du schaffst das.

Als er am Abend wieder zurückkehrte, war er krank. In Peking erträgt er rülpsende Taxifahrer, die während der Fahrt Knoblauchzehen essen, als wären es Kartoffelchips, er nimmt es hin, wenn der Verkehr kollabiert und die Luft ihn vergiftet. Mestre aber sieht er nichts nach.

Die Autos. Die Straßen. Straßen, die aufeinander zurasen. Das Eingesperrtsein im Auto. Das An-der-Ampel-Warten. Das Dasein in Dosen. Das Kriechen und Vorpreschen. Leitplanken. Zebrastreifen. Unterführungen. Überführungen. Der Geruch im Zug. Schweiß und alte Polstersitze. Er war blass und wortkarg, setzte sich und hielt seinen Kopf in den Händen. Als ob sein innerer Kompass durcheinander geraten sei, als schwanke der Boden unter ihm, als versuchte er wieder zur Besinnung kommen. Er musste erst einen Tee trinken. Natürlich war selbst der Tee in Mestre ungenießbar gewesen.

8.

Nachdem die Sonne untergegangen ist, ist der Himmel flacher geworden, ganz so, als fehlte ihm plötzlich eine Dimension. Als sei er nur aufgemalt, wie eine Deckenmalerei von Tiepolo.

Die einst weißen Marmorsäulen der Prokuratien sind von schwarzen Schlieren durchzogen, die aussehen wie verlaufene Wimperntusche. Abgesehen von den Tauben und den Menschen, die ihr Glück in Pixeln festhalten wollen, sieht man auf dem Markusplatz nichts anderes als Stein. Travertin, der bleigrau ist wie das Meer an schlechten Tagen, istrischer Marmor, der auch noch im Nebel weiß leuchtet, verrußte Titanenköpfe, von bläulichen Adern durchzogene Säulen, bunt funkelnde Mosaiken. Stein, der seit Jahrhunderten das gleiche Gesicht hat. Marmorne Zeit. Nur ein Schritt, und schon steht man in einem Gemälde von Carpaccio oder Guardi. Wo sonst auf der Welt hat man die Gelegenheit, ein Gemälde zu betreten?

Einige leicht bekleidete Engländerinnen laufen unbeeindruckt durch das Kunstwerk, unter den Arkaden vorbei, eingehakt bilden sie eine Wand, und fast hätten sie Signor Claudio zu Fall gebracht. Denn Signor Claudio steht gedankenverloren neben einer Säule und sieht aus wie ein aus Granit geschnittenes Standbild. Er blickt in die Ferne, scheinbar ohne etwas zu erwarten. Aber dann fährt ohne jede Vorankündigung ein Ruck durch ihn und setzt ihn in Bewegung. Es sieht aus, als würde ein Denkmal vom Sockel steigen. Das geschieht immer dann, wenn er den fragenden Blick eines Gastes bemerkt hat. In diesem Fall ist es mein Blick. Angesichts der fortgeschrittenen Stunde erlaube ich mir, einen Prosecco zu bestellen, einen *brut Florian*, wie Signor Claudio präzisiert: *méthode champagnoise*. Er beglückwünscht mich zu dieser Wahl und gibt die Bestellung an den *Piccolo* weiter, der sofort eilfertig unter dem Bogengang verschwindet.

Ich blättere wieder in meinem Idioten-Buch. Es gibt keine Geschichte, die ich nicht bereits zweimal gelesen habe. Meine Ungeduld steigt. Wo bleibt der Italiener? Der Teilnehmer ist vorübergehend nicht erreichbar. Unruhig nehme ich mein Buch wieder in die Hand. Und lege es wieder weg, als Signor Claudio das Tablett mit dem Prosecco vor mir abstellt, mit jener eleganten Handbewegung, die mich an die Pirouetten eines Eistanzläufers erinnert. *Prego*. Hinter uns, unter den Arkaden beginnt der Juwelier Nardi seine Auslage auszuräumen, es ist nur noch eine halbe Stunde bis zum Geschäftsschluss. Vor dem Schaufenster bleiben zwei Frauen mit ihren Rollenkoffern stehen und blicken sehnsuchtsvoll auf seine manschettengeschmückten Handgelenke und auf die Saphire und Diamanten, die der Juwelier auf ein samtbezogenes Tablett legt, auf wachteleiergroße Perlen, die er von samtenen Dekolletés hebt, siebenreihige Goldketten, mit Diamanten besetzte Kruzifixe. Schließlich reißen sich die Frauen los vom Anblick der Geschmeide, von Juwelier Nardis goldenen Manschettenknöpfen, die wie Zeugen einer verlorenen Zeit wirken, und ziehen weiter mit ihren Rollenkoffern, in Richtung Anleger. Zurück in ihren Alltag.

Vielleicht liegt es daran, in einer Stadt zu leben, nach der sich die halbe Welt verzehrt, dass der Italiener nicht reisen will. Die Welt kommt zu ihm. Warum sollte er ihr nachlaufen? Sich auf die mühsame Reise nach anderswo begeben? Um dort dann banal am Strand zu liegen? Peking ist etwas anderes. Nach Peking würde er schon mit mir fahren. Überhaupt überall dorthin, wo es Museen für asiatische Kunst gibt und lohnenswerte Antiquitätenmärkte. Wenn ich nur nicht so ungeduldig wäre und schon nach fünf Minuten an ihm zupfen würde.

Mittlerweile kenne ich die ostasiatischen Sammlungen aller großen Museen der Welt. Am meisten hasse ich die Keramik-Abteilungen. Der Anblick chinesischer Keramikpferde schläfert mich auf der Stelle ein, bei der Betrachtung von Ming-Vasen verliere ich das Bewusstsein. Schließlich einigten wir uns auf einen Kompromiss: Ich ertrage von Zeit zu Zeit chinesische Keramikpferde, und im Sommer besichtigen wir nichts, sondern machen einen Sommerurlaub, um Venedigs Schwüle zu entkommen. Seither fahren wir nach Korsika. Jedes Jahr. Und jedes Jahr beschließen wir, nicht wieder nach Korsika zu fahren.

Erst heute Morgen fühlte sich der Italiener tollkühn. Nach seinem morgendlichen Monolog, nach Berlusconi und der Korruption und der Vogelgrippe regte der Italiener an, die nächsten Ferien in Kroatien zu verbringen, man höre doch so viel Gutes, ein glasklares Meer und exzellenter Fisch, der Wein solle auch nicht schlecht sein, es habe sich viel geändert, die Hotels seien keine sozialistischen Plattenbauten mehr, und außerdem: ob wir nicht vielleicht flexibel genug seien, nach zehn Jahren Korsika etwas Neues auszuprobieren?

Das sagt er immer, wenn bis zu den nächsten Ferien noch ein Jahr vergeht. Da sind wir uns noch einig in der Ablehnung Korsikas. Denn gegen Korsika spricht erstens: das korsische Essen. Es besteht genau wie die sardische Küche im Wesentlichen aus fingerdick geschnittenem Wildschweinschinken und Eselswurst. Zweitens: die Anreise. Wer jemals im Hafen von Livorno drei Stunden bei fünfundddreißig Grad darauf gewartet hat, endlich mit dem Auto in ein fünfzig Grad heißes Schiff fahren zu dürfen, um dann die fünfstündige Überfahrt an eine Mülltonne gelehnt zu überstehen, weil alle Liegestühle und Sessel von italienischen Familien beschlagnahmt wurden, die gerade ihren Kleinkindern die Windeln wechseln müssen, der wünscht sich, nie wieder Urlaub machen zu müssen. Drittens: der Strand. Er hat keine Sonnenschirme und keine Liegestühle. Was der Italiener an meiner Seite schätzt, weil er das parzellierte, aufgereihte, organisierte Strandleben seines Heimatlandes hasst. Er liebt den Strand *naturale*. Ein Handtuch, eine Zeitung, fertig. Was braucht der Mensch mehr zum Glück? Ich hingegen bekomme leicht Rückenschmerzen. Der Italiener auch, aber er nennt es nicht Rückenschmerzen, sondern: Ich habe mich wahrscheinlich nachts nicht richtig zugedeckt.

Und so perfektionierten wir im Laufe der Jahre unseren Strandaufenthalt. Mit zwei kleinen, leichten Klappsesselchen, auf denen man bequem lesen kann. Es kam ein Sonnenschirm dazu, für mich, denn der Italiener glaubt zu Anfang der Ferien, die Sonne besser zu vertragen als ich, die ich aus einem Land stamme, in dem die Sonne nur an einem einzigen Vormittag im Juli von elf bis zwölf scheine. Dann kam ein zweiter Sonnenschirm hinzu, für den Italiener, aber keineswegs wegen der Sonne, die verträgt er schon aus genetischen Gründen bestens, auch ohne Sonnencreme. Nein, es ging nur um die schattige Lektüre. Die am schwersten wiegt. Denn anders als ich, die sich für einen Strandtag mit zwei Tageszeitungen, drei Zeitschriften und zwei Romanen begnügt, liest der Italiener keine bunten Zeitschriften und erst recht keine oberflächlichen Romane, sondern akademische Werke über die Entwicklung des venezianischen Buchdruckwesens, die größtenteils aus Fußnoten bestehen, Fußnoten, die mindestens sieben Kilo wiegen. Dann kamen noch diverse Taucherbrillen und Taucherflossen hinzu, denn schließlich ist der Italiener Venezianer und fühlt sich dem Meer und seinen Bewohnern zugehörig. Die diversen Sonnencremes, Haaröle, Badesachen zum Wechseln, das Mineralwasser – drei Liter braucht der Mensch an heißen Tagen –, das frische Obst sind nur noch eine *quantité négligeable*. Wir gehen nicht mehr an den Strand, wir ziehen um.

Im Januar hatte ich Sardinien vorgeschlagen. In Sardinien gibt es ordentlich bewirtschaftete Strände, sagte ich, aber Sardinien wurde gleich verworfen, wegen des schlechten Charakters der Sarden. Im April hatte ich die Liparischen Inseln angeboten, aber die wurden zurückgewiesen, weil sie voller alter Hippies und sizilianischer Großfamilien steckten, im Mai schlug ich Apulien vor, aber Apulien ist Süditalien, und da gebe es die Camorra und die Sacra Corona Unita und die Cholera, inzwischen war Juni, ich empfahl Kalabrien, unverdrossen, aber das war noch schlimmer, und gegen Italien insgesamt sprach: die Hochsaison! Das ganze Land unterwegs! Ich schlug vor, in die Bretagne auszuweichen, aber in der Bretagne regne es immer, und außerdem sei die Bretagne Frankreich, anders als Korsika, das sei praktisch noch Italien, schließlich wurde die Insel erst 1769 von Italien an Frankreich verkauft. Und: Ist der Strand dort nicht paradiesisch? Glasklares Wasser, keine Algen, keine Motorboote? Keine Quallen bis auf die eine, der ich vor vier Jahren im Weg war? Im August fuhren wir wieder nach Korsika.

Jetzt ist September, und jetzt soll es im nächsten Jahr plötzlich Kroatien sein.

Ich habe gehört, dass man in Kroatien viel Knoblauch isst, warf ich ein.

Lass uns später darüber reden, sagte der Italiener. Wir haben noch ein Jahr Zeit. Und dann verließ er das Haus.

Vor mir auf dem Markusplatz steht eine Gruppe von älteren Franzosen, die wie vom Uhrmacher beschrieben, tatsächlich Popeline tragen. Popelinemäntel und Popelinehosen. Und Baskenmützen, ohne jede Ironie. Die Franzosen sind mit ihrem Reiseleiter wie über eine Nabelschnur verkabelt, gerade haben sie noch getuschelt und gekichert, jetzt sind sie verstummt, dem Reiseleiter unterworfen, der ihre Blicke auf Mosaiken lenkt, auf Arkaden, Kuppeln, Simse, Säulen, Bogengänge und der mit Zahlen um sich wirft. Mit den hundertfünfundsiebzig Metern Länge des Markusplatzes, den siebenundfünfzig Metern Breite an der Seite des Napoleonischen Flügels und den zweiundneunzig Metern Höhe des Campanile. Die Franzosen drängen sich um ihren Führer wie verängstigte Entenküken. Verängstigt von der Schönheit der großen Leere, verwirrt von einer Unendlichkeit aus Marmorsäulen und Wasserspeiern, aus Rosetten, Schnecken und Spiralen, ermahnt von einem Reiseleiter, der den Zeitplan einhalten will.

Daneben stehen kettenrauchende Chinesen, die in schwarzen Anzügen stecken. Alle tragen große schwarze Schultertaschen mit sich, ich frage mich, was sie enthalten mögen. Stangen chinesischer Zigaretten? Anders als die Franzosen geben sich die Chinesen unbeeindruckt. Sie werfen einen Das-soll-also-dieser-weltberühmte-Platz-sein-Blick auf die Piazza, ein vernichtender Blick, sie kichern, vermutlich schneidet die Piazza im Vergleich zum Platz des Himmlischen Friedens schlecht ab. Kein Mausoleum, keine verbotene Stadt, nichts. Dann fotografieren sie sich gegenseitig, gewissermaßen der Vollständigkeit halber, weil sie schon mal da sind. Sehr steif und feierlich stehen die Chinesen da, ganz so, als posierten sie vor dem Bild des Großen Vorsitzenden. Kaum aber entziehen sie sich dem Kameraobjektiv, lachen sie wieder und schreien und klopfen sich gegenseitig auf die Schultern. Brüllend wie ein Oberstleutnant, der den Kampfwillen seiner Truppe prüft, treibt ihr Reiseleiter die Gruppe nun weiter Richtung Dogenpalast. Signor Claudio tritt an meinen Tisch und blickt den Chinesen nach. Und dann sagt er: Das ist erst der Anfang. Wenn sie alle kommen, sind wir ruiniert.

Anders als der Italiener an meiner Seite, der nur reist, weil er von mir dazu gezwungen wird oder weil er einsehen muss, dass es einfacher ist, nach Peking zu fahren, als Pekings Flohmärkte zu sich kommen zu lassen, anders als der pragmatische Italiener glaube ich an eine transzendentale Bedeutung des Reisens. Ich glaube, auf Reisen eine andere zu werden, speziell auf Reisen, die mit italienischen Zügen stattfinden. Man muss sich nur hingeben können, sein Schicksal in die Hände der italienischen Bahn legen, vertrauensvoll, denn ihre Wege sind unergründlich, und schon erlebt man die ungeheuerlichsten Dinge, Dinge, von denen man nichts geahnt hätte, wäre man wie Blaise Pascal still in seinem Zimmer sitzen geblieben.

Kürzlich fuhr ich aus Turin über Mailand zurück nach Venedig. Auf dem Fahrplan stand, dass der Zug nach Mailand von Gleis vierundzwanzig abfahren sollte. Auf der automatischen Anzeige hingegen war noch kein Gleis angegeben. Ich wartete, beschloss dann aber, nicht bei Gleis vierundzwanzig, sondern unter der automatischen Anzeige zu warten, gemäß der italienischen Lebenserfahrung, die besagt, dass ein Zug nie von Gleis vierundzwanzig abfährt, wenn Gleis vierundzwanzig auf dem Abfahrtsplan verzeichnet ist. Das ist die einzige Gewissheit. Der Zug wird vielleicht von Gleis zwei oder Gleis siebzehn oder Gleis siebenundsechzig abfahren, vielleicht wird er auch gar nicht abfahren, weil die Schienen gerade von streikendem Reinigungspersonal besetzt gehalten werden. Falls er aber jemals abfahren sollte, dann garantiert nicht von Gleis vierundzwanzig. So viel war sicher. Weshalb auf Gleis vierundzwanzig nur drei blonde neuseeländische Rucksacktouristinnen warteten, die in den nächsten einlaufenden Zug einsteigen würden, der sie nach Domodossola oder Rocciamelone bringen würde, keinesfalls aber nach Mailand.

Unter der automatischen Anzeige hatte sich bereits eine Menschentraube gebildet, Geschäftsmänner mit Aktentaschen, senegalesische Taschenhändler, eine Dame im Chanel-Kostüm, schwarz gekleidete kalabresische Großmütter, und wir alle versuchten, die Lautsprecheransage zu verstehen, welche die einlaufenden Züge ankündigte. Meist war nicht mehr als das Wort *binario*, Gleis, zu verstehen, wenn überhaupt, und als wir endlich glaubten, in der Ansage die Ankündigung von *Gleis siebzehn* gehört zu haben, da liefen wir alle zu Gleis siebzehn, wo aber gar kein Zug einlief, dann hetzten alle wieder zurück und schauten auf die Anzeigetafel, und da stand immer noch nichts, es ging eine ganze Weile hin und her, und als es schließlich hieß: Gleis neunundzwanzig, da war es uns völlig egal, wohin der Zug von Gleis neunundzwanzig fahren würde, wir stiegen einfach alle ein. Später entdeckten wir dann, dass wir uns tatsächlich auf dem Weg nach Mailand befanden, was diejenigen glücklich machte, die wirklich dorthin wollten, die anderen fuhren eben bis Novara etwas spazieren.

Ich suchte meinen reservierten Platz, wobei ich mich an auf dem Flur stehenden Menschen vorbeidrängte, vorbei an Toilettentüren, auf denen *non funziona* stand, vorbei an abgenutzten Polsterbänken, an Abfallbehältern, die aus der Halterung gerissen waren, und vorbei an einem roten Stern, der auf ein Abteilfenster gesprayt war. Schließlich fand ich meinen Platz in einem Abteil, in dem bereits ein Herr und eine Dame saßen. Der Herr saß in der Ecke zum Gang, die Dame in dem Sitz am Fenster. Als ich die Abteiltür öffnete, schlug mir der Geruch von Reiswaffeln entgegen. Es war noch früh am Morgen, und offenbar hatte die Dame keine Zeit gehabt, zu frühstücken. Wobei es mich allerdings verwunderte, dass sie Reiswaffeln zu sich nahm, es musste sich hier um eine spezielle Blutgruppendiät handeln, denn normalerweise isst man in Italien zum Frühstück ein Hörnchen oder ein Plätzchen, das man in den Cappuccino tunkt, und wer es nicht schafft, in der Bar zu frühstücken, der frühstückt überhaupt nicht.

Die Reiswaffel war erstaunlich intensiv im Geruch und knirschte, als die Dame in sie biss. Der Mann schaute so angestrengt aus dem Fenster, als versuchte er sich in einen Vorhang zu verwandeln, in ein Sitzpolster, eine Armlehne,

Hauptsache, er müsste das knirschende Geräusch nicht mehr hören.

Um mich abzulenken, zog ich mein *telefonino* aus der Tasche und tippte eine SMS an den Italiener an meiner Seite: Untergang des Abendlandes! Selbst Italiener essen im Zug! Aber bevor ich sie senden konnte, sagte die Dame zu mir: *Non foglio kwesto!*, und zeigte auf mein *telefonino*.

Ich runzelte die Stirn.

Non foglio kwesto!, wiederholte die Dame.

Ich zuckte ratlos mit den Schultern. Ich hatte zwar verstanden, dass sie etwas nicht wollte, aber ich verstand nicht, *was* sie nicht wollte. Ihr Italienisch klang wie meines am Ende der ersten Einführungswoche *Italienisch für Anfänger*, im Gefecht mit stimmlosem S und stimmhaften V, die wie W ausgesprochen werden, von den Diphtongen ganz zu schweigen. Das *eu* spreche ich bis heute nicht richtig aus, ich sage *Oiro* wie die Deutschen und nicht *E-uro* wie der Italiener. Wenn der Italiener an meiner Seite mich darauf aufmerksam macht, dann räche ich mich damit, ihn aufzufordern, das deutsche Ü auszusprechen, was ihm nie gelingt. Er sagt immer *verruckt*, anstatt verrückt. Und hat dann noch die Stirn zu behaupten, dass ich das *gli* auch nie richtig aussprechen würde, bei mir würde es sich wie ein *Lji* anhören, was aber falsch sei, es werde stimmhafter und irgendwie feuchter und an der Zungenwurzel ausgesprochen, und nie würde ich es hinkriegen, dass doppelte p in *cappello* richtig anzuhauchen, weshalb ich immer *capello*, also Haar anstatt Hut sagen würde, wobei der Satz: Ich habe mir ein Haar gekauft, sehr komisch sei, wie auch meine Versprecher preiswürdig seien, etwa, als ich *meine blutrünstige Gruppe* sagte, anstatt *meine Blutgruppe*, blutrünstige Gruppe sei für eine Deutsche überhaupt sehr passend, kurz: Den Italiener an meiner Seite erinnert der deutsche Akzent an die *Sturmtruppen*. Jene legendäre italienische Comicreihe über eine ebenso tatkräftige wie glücklose deutsche Militäreinheit, die aus Ottos, Hans' und Franz' besteht, die alle ein deutsches Italienisch sprechen, und über die jeder Italiener gelacht hat, stets mit einem gewissen Mitgefühl, denn die Sturmtruppen sprechen nicht nur ein deutsches Italienisch, sondern scheitern auch grandios in allen ihren Unternehmungen. *Ich will* heißt bei den Sturmtruppen nie *Io voglio*, sondern *Io foglio*. Wörter bilden sie mit dem deutschen suffix –en: Der *capitano* ist bei ihnen der *capitanen*, die Postkarte heißt bei ihnen nicht *cartolina*, sondern *cartolinen*, sprechen heißt nicht *parlare*, sondern *parlaren*, weshalb ich bereits daran dachte, der Dame *non mangiaren!* zu sagen, als sie, nun bereits etwas erregt, auf mein *telefonino* deutete und rief: *No telefono!*

Wenn ich Sie recht verstehe, stört Sie mein Telefon, sagte ich. Auf Italienisch. Wenn sie ihren Akzent nicht hörte, würde ihr meiner noch weniger auffallen.

Si, sagte die Dame, wobei sie sich fast verschluckte. *No, no, no telefono! E blablabla!*

Abgesehen von dem unbedeutenden Detail, dass es zum Blablabla noch gar nicht gekommen war, weil ich lediglich eine SMS getippt hatte, würden sich die anderen Reisenden keineswegs durch eine versprengte deutsche Sturmtruppen-Resteinheit davon abhalten lassen, von ihrem italienischen Freiheitsrecht Gebrauch zu machen, welches darin besteht, die Sekretärin anzurufen und mit ihr noch mal alle Aufträge durchzugehen, der Freundin den Urlaub in Apulien zu schildern, unter besonderer Berücksichtigung der Spezialitäten der apulischen Küche, den Parlamentskollegen zur Parteidisziplin aufzurufen oder den Abteilungsleiter endlich darüber zu informieren, welch ein Idiot sein Vorgesetzter ist.

Wenn Sie sich durch das Telefonieren gestört fühlen, werden Sie in diesem Zug ein Problem haben, sagte ich, immer noch auf Italienisch. Gemein, aber außerordentlich wohltuend.

Es ist verboten, im Abteil zu telefonieren, es ist eine Belästigung, sagte sie, inzwischen auf Englisch.

Wussten Sie auch, dass es verboten ist, in Zügen Reiswaffeln zu essen?, sagte ich.

Nun entfuhr ihrer Brust ein Schrei der Entrüstung, sie sprang von ihrem Sitz hoch, stopfte die Reiswaffelpackung in ihre Tasche und verließ das Abteil, wobei sie die Tür mit lautem Knall hinter sich schloss, und der Mann, der die ganze Zeit vergeblich versucht hatte, sich in ein Sitzpolster zu verwandeln, rief ihr hinterher: *Non telefonaren!* Daraufhin begann ich sofort zu telefonieren. Mit meiner Freundin Fiorenza. Mit meiner Freundin Angela. Mit meiner Freundin Anna. Mit dem Italiener an meiner Seite.

In Mailand stieg ich in den Zug nach Venedig um. Auf dem Bahnsteig wogte eine endlose graue Menschenmenge aus Reisenden mit Rollenkoffern und Aktentaschen, aus Schaffnern, Elektrokarren und Gepäckschiebekarren. Stromabnehmerbügel fielen knisternd von den Fahrdrähten, ich las *Venezia* auf einem Richtungsschild des Zuges, der auf dem gegenüberliegenden Bahnsteig stand, schob mich durch die Menge und stieg ein. Der Zug fuhr sogleich los, und ich suchte nach einem freien Platz, zusammen mit einem jungen Mädchen, das gleichzeitig mit mir eingestiegen war. Weil der Zug sehr voll war, mussten wir auf unseren Koffern sitzen, vor der Toilette. Die Toilettentür schloss nicht richtig. Scheppernd schlug sie auf und fiel wieder zu, schließlich kam der Schaffner und verschloss sie mit einem Schraubenschlüssel. Er kontrollierte unsere Fahrkarten.

Sie wollen nach Venedig?, erkundigte er sich.

Ja, sagte ich.

Warum fahren Sie dann nach Turin?, fragte er.

Ich komme aus Turin, sagte ich.

Und Sie fahren jetzt wieder nach Turin zurück, sagte er.

Aber auf dem Richtungsschild stand, dass dieser Zug nach Venedig fährt, protestierte ich.

Der Zug kommt aus Venedig, Signora, korrigierte der Schaffner und betrachtete mich wie eine Kranke, der man nicht zumuten kann, sie über ihren wahren Zustand aufzuklären.

Wie?, rief das neben mir sitzende junge Mädchen jetzt aus, der Zug fährt nicht nach Venedig? Ich muss aber nach Venedig!

Dann müssen Sie sich gedulden, sagte der Schaffner und klärte uns darüber auf, dass der nächste Halt erst in einer

Stunde stattfinde, in Novara, wir wären also nicht vor zwei Stunden wieder zurück in Mailand, falls wir sofort Anschluss hätten, und was es dann noch für Verbindungen nach Venedig gäbe, müsse er erst nachschlagen. Wegen eines Sturms im Veneto hätten sich viele Verbindungen verzögert. Ich werde Ihnen nichts berechnen, sagte er, um uns zu trösten.

Das Mädchen und ich seufzten und starrten auf das löcherige Lineoleum unter unseren Füßen. Das Mädchen trug Fallschirmspringerstiefel und den üblichen Invicta-Rucksack. Weil uns das Schicksal auf diesem Stück Abteilflur zusammengeschweißt hatte, begannen wir uns zu unterhalten. Das Mädchen war auf dem Weg nach Venedig, um ihre Eltern zu besuchen. Sie selbst lebte in Turin. Ich vermutete, dass sie dort studierte.

Der Schaffner machte zwei Schritte über den Gang, dann kehrte er wieder zu uns zurück, ganz so, als müsste er sich unserer annehmen. Es gibt in einem Abteil noch freie Plätze, sagte er, wenn Sie wollen, bringe ich Sie hin.

Wir folgten ihm wie zwei Hündchen. Er begleitete uns zu einem Abteil, in dem es sich die Reisenden bereits bequem gemacht und ihre Taschen und Zeitungen auf die beiden freien Mittelsitze gelegt hatten. Ein junger Mann, aus dessen Brusttasche der Zipfel eines blutroten Taschentuchs hing, saß am Fenster und las im *Corriere della Sera*, ein anderer saß ihm gegenüber und telefonierte, an der Tür saß eine Dame und löste Kreuzworträtsel, ihr gegenüber saß ein Mann, der mit Grazie seine Beine übereinander schlug und die *Gazzetta dello Sport* mit einer Anmut las, als sei es ein Journal für den Orchideenfreund.

Die Damen haben sich verfahren, sagte der Schaffner, als er uns in das Abteil entließ.

Sofort begannen alle damit, Geschichten über das Verfahren zu erzählen. Der Mann mit dem blutroten Taschentuch hatte sich einmal zwischen Brescia und Verona verfahren, der Mann, der gerade noch telefoniert hatte, erzählte davon, wie er es einmal geschafft hatte, sich auf der kurzen Strecke zwischen Lucca und Montecatini Terme zu verfahren, und die Dame, die neben der Tür saß, hatte sich einmal auf dem Weg nach Rom verfahren, weil sie in ein Abteil eingestiegen war, das abgekoppelt wurde, der graziös die *Gazzetta dello Sport* lesende Mann berichtete von Triebwagen, die mitten auf der Strecke stehen blieben. Angesichts des Zustands der italienischen Bahn grenze es an ein Wunder, dass überhaupt noch Leute dort ankamen, wo sie ankommen wollten.

Dann herrschte Stille. Die Frau löste weiter Kreuzworträtsel, und suchte nach einer Katzenart, deren zweiter Buchstabe ein i sei, der junge Mann mit dem blutroten Brusttuch sagte: *siamese*, und blätterte weiter im *Corriere della Sera*. Der Mann, der eben noch telefoniert hatte, betrachtete sein Telefon und überlegte, wen er noch anrufen könnte. Vor unseren Fenstern flogen Wolkenfetzen vorbei, und ich identifizierte am Wegrand eine Zitterpappel: *Junge Zweige glatt, gelb-braun, etwas glänzend, mit auffälligen Korkwarzen.* Die Stille war jene Stille, die im Beichtstuhl herrscht. Eine Stille, die zu Geständnissen treibt. War ich unkeusch im Denken? Im Reden? Im Anschauen? War ich neidisch? War ich geizig? War ich hoffärtig?

Machen Sie Urlaub in Venedig?, fragte mich die Dame mit den Kreuzworträtseln. Als ich sagte, dass ich in Venedig lebte, betrachteten mich alle wie ein seltenes Tier.

Ich stelle es mir nicht leicht vor, in Venedig zu leben, sagte der Mann neben mir. Der Nebel und das Wasser!

Ja, sagte ich gedehnt und hoffte inständig, dass sich nun keine Unterhaltung über venezianischen Nebel anschließen würde. Für Italiener besteht Venedig aus nichts anderem als Nebel. Und Wasser. Und man kann in Venedig nicht Auto fahren, das ist die Vorstellung, die Italiener am meisten schreckt.

Stört Sie der Nebel nicht?, fragte die Dame mit den Kreuzworträtseln.

Nein, sagte ich, und als ich mich so unergiebig über den Nebel äußerte, fragte sie das junge Mädchen, ob sie auch in Venedig lebe.

Ich stamme aus Venedig, lebe aber in Turin, sagte das Mädchen.

Studieren Sie in Turin?, fragte die Frau.

Nein, sagte das Mädchen. Ich bin Gefängniswärterin.

Oh, sagten alle und schwiegen betroffen. Schließlich brachte die Frau mit den Kreuzworträtseln das Gespräch auf Mordfälle, auf ungeklärte und geklärte, auf eine Mutter, die ihrem Kind den Schädel eingeschlagen hatte und die immer noch auf freiem Fuß war, auf die sechsundfünfzig Messerstiche, mit der ein junges Mädchen seine Mutter getötet hatte, man sprach über gerechte und ungerechte Strafen und über das Eingesperrtsein, doch das war als Thema zu deprimierend, weshalb man zu den Katzen zurückkehrte.

Siamkatzen seien auch immer eingesperrt, sagte der die *Gazzetta dello Sport* lesende Mann.

Kennen Sie sich mit Katzen aus?, fragte die Frau.

Meine Frau liebt Katzen, sagte er. Unsere Katze kann die Tür mit der Pfote öffnen.

Hunde öffnen die Türen mit den Pfoten, sagte die Frau, die neben mir saß, nicht Katzen!

Doch, beharrte der Mann. Seine Katze springe einfach auf die Klinke. Und wenn er abends von der Arbeit komme, dann schaue die Katze ihn immer an. Sie habe so einen Blick. Als wolle sie sagen: Was, du bist schon wieder da? Und dann spüre er, wie sie ihn verachte.

Draußen kroch ein Mohnfeld vorbei, der Zug fuhr so langsam, dass man die Blütenblätter hätte zählen können. Als ich noch überlegte, ob ich mich zum Lager der Katzen- oder dem der Hundeliebhaber schlagen sollte, blickte der Mann auf, der am Fenster saß und der nun offenbar in ein Funkloch gefallen war, und stellte eine Frage in das Abteil: Haben Tiere eine Seele?

Da waren wir ungefähr auf der Höhe von Rho, und der Zug stand still. Ständig blieb er unvermittelt irgendwo stehen, ganz so, als müsse er sich Gedanken über den Weg machen. Wir alle, die Gefängniswärterin und ich, die Katzen- und Hundeliebhaber schwiegen und versuchten, das Innere der Dinge zu entdecken. Über das Undenkbare nachzudenken. Die Tiefen des Seins zu ergründen.

Was hat denn der Papst dazu neulich gesagt?, fragte der Mann, der sich vor dem Blick seiner Katze fürchtete. Hat er nicht die Feststellung gemacht, dass auch Katzen und Hunde eine Seele hätten? Niemand im Abteil wusste eine Antwort. Schließlich meldete sich die Gefängniswärterin zu Wort und fragte, warum wir eigentlich so sicher seien, dass wir eine Seele haben?

Das war eine Frage, an der schon Platon und Heraklit gescheitert waren und die auch uns sprachlos werden ließ. Gott sei Dank klingelte nun der Mann mit dem Getränkewagen und schenkte Espresso aus. Der Zug fuhr durch eine nicht enden wollende Ebene, vorbei an Feldern, durch die schmale Bewässerungskanäle führten.

Wer weiß, wie alt mein Hund wird, sagte die Frau, die bestritt, dass Katzen Türen öffnen können. Es heiße doch, dass Mischlinge länger leben als Rassehunde, ihrer sei nun zehn Jahre alt, vielleicht mache er es noch fünf Jahre, was bedeuten würde, dass ihr Sohn mit fünf Jahren den Tod des Hundes erleben müsse!

Nun schwebte ein bedauerndes Murmeln durch die Luft unseres Abteils, und der Mann mit dem Brusttuch sagte tröstend, dass es Hunde gebe, die fünfundzwanzig Jahre lang lebten.

Aber könne der Tod nicht auch Erleichterung sein?, gab die Gefängniswärterin zu bedenken, was den Mann, der an die Langlebigkeit der Hunde glaubte, ermutigte, auf Sokrates hinzuweisen. Schon der habe bedauert, dass der Leib immer wieder seiner suchenden Seele in die Quere komme, weshalb er den Tod nicht fürchtete, denn erst mit ihm würden wir zu den Einsichten kommen, nach denen wir uns ein Leben lang gesehnt hätten.

Inzwischen war der Zug wieder mal stehen geblieben,

nun inmitten eines Sonnenblumenfeldes, von dem wir vermuteten, dass es unweit von Vercelli liegen müsse. Vielleicht fuhren wir im Kreis? Wir starrten auf die gebeugten Köpfe der Sonnenblumen und dachten über den Tod nach.

Und wenn der Hund erst den Tod des Herrchens erlebe!, sagte der Mann vom Fenstersitz. Sein Schwiegervater sei kürzlich gestorben, und der Schmerz habe kurz danach auch den Hund dahingerafft. Seiner Schwiegermutter ginge es inzwischen auch nicht mehr gut, und er überlege, ob er ihr einen neuen Hund schenken solle. Oder eher etwas, was sie beruhige, Fische vielleicht? Er blickte erwartungsvoll auf uns.

Vielleicht einen Goldfisch?, schlug ich vor, um mich endlich auch einzubringen.

Die Hundeliebhaberin riet jedoch davon ab. Wenn sie nur an jene schreckliche Zeit zurückdenke, als sie ein Aquarium hatte, diese Arbeit! Ständig sei das Schlingkraut eingegangen, dann sei zu wenig Sauerstoff im Wasser gewesen, dann hätten sich die Fische gegenseitig aufgefressen, dem einen oder anderen habe plötzlich eine Flosse gefehlt.

Ich bin nicht sicher, ob ein Fisch das Richtige für meine Schwiegermutter wäre, sagte der Mann nun still.

Essen Sie Fisch?, fragte die Frau pietätlos. Nein, stotterte der Mann, eigentlich nicht. Früher habe ich mal geangelt, und seitdem erinnert mich der Geruch von Fisch immer so … an den Tod.

Dann ruckelte es, und wir fuhren wieder weiter. Als wir

drei Stunden später schließlich in Mailand ankamen, waren wir aus uns selbst herausgetreten und hatten eine halbe Stunde Verspätung. Und der Zug, der mich nach Venedig bringen sollte, war noch da, denn er hatte dreieinhalb Stunden Verspätung. Das sind die Wunder Italiens.

9.

Feierabendstimmung hat sich über die Piazza gelegt. Der Taubenfutterverkäufer beginnt seine Tüten zusammenzuräumen und schiebt sein Wägelchen wieder zurück ins Lager, die Souvenirverkäufer packen die Erinnerungen, die niemand haben wollte, wieder ein, die Sonnenbrillen mit dem Venezia-Aufdruck, die Schlüsselanhänger, Plastikgondeln und die Unterhosen mit dem Gemächt des David. Es beginnt der Arbeitstag der vietnamesischen Spielzeugverkäufer, die mit fluoreszierenden Bändern über den Platz laufen. Das ist der Moment, in dem mein *telefonino* wieder klingelt. Der Italiener an meiner Seite ruft an, er ist sich sicher, dass es jetzt nicht mehr lange dauern könne, der Amerikaner habe sich bereits mit allen überworfen, dieses Mal wegen der amerikanischen Industrielandschaften, die er in den Hauseingang gehängt hatte und unter keinen Umständen wieder abnehmen wollte.

Vor den Schaufenstern fallen die eisernen Rollläden ratternd herab, die Geschäfte unter den Arkaden schließen.

Die Markusplatz-Maler stellen ihre beleuchteten Staffeleien auf und arrangieren ihre Venedig-Ansichten – mit den gleichen Bewegungen, mit denen zuvor die Taubenfutterverkäufer die Tüten mit dem Taubenfutter ordneten. Die Maler wirken resigniert. Angesichts einer Piazza, die glitzert wie ein Hoftheater, mit einer im Dunkel leuchtenden Markuskirche als Bühnenhaus, wirken ihre Venedig-Ansichten so hilflos wie die Zeichenversuche einer Volkshochschulklasse. Hinter mir rasseln drei Verkäuferinnen mit Schlüsselbunden, sie schließen die Rollläden ab, stecken sich Zigaretten an, und dann sehe ich die Frauen über die Piazza Richtung Vaporetto laufen, auf hohen Absätzen, ohne zu wanken. Absätze, die bei jedem Schritt ein kleines metallisches Kreischen auf dem Marmor hinterlassen.

Jede dieser Frauen hat etwas Besonderes, etwas Kostbares, die ganz rechte ist statuenhaft groß und schwarz gekleidet, bis auf einen gelben Gürtel zu den gelben Pumps, die in der Mitte ist klein wie eine Puppe und besteht nur aus Busen und blondem Haar, und die dritte ist eine Madonna, mit hüftlangem, schwarzem Haar und einem straßbesetzten Kruzifix, das auf ihrer Busenwölbung funkelt.

Nie hätte er mit einer Italienerin zusammenleben können, sagte der Italiener einmal. Da kannten wir uns noch nicht lange. Auf meine Nachfrage sagte er nur: Eine Italienerin raubt dir die Luft zum Atmen.

Lange dachte ich darüber nach und überlegte, ob ich beleidigt sein sollte oder nicht. Es klang, als sei eine Italienerin eine besonders gefährliche Waffe. Eine Art Weiblichkeits-Destillat. Giftig und hochkonzentriert. Ob ich mich als Nichtitalienerin als verwässert betrachten musste? Als neutralisiert? Ungiftig? Ich müsse nur an Donatella denken, sagte der Italiener an meiner Seite darauf, dann hätte ich alles über das Wesen der Italienerin verstanden. Donatella ist unsere Haushaltshilfe und beherrscht uns wie Mussolini.

Im Winter trägt Donatella einen Nerz und im Sommer Netzstrümpfe. Halterlos, wie sie mir gestand. Sie ist tiefgläubig, im Vaporetto liest sie immer den Katechismus, und sie hätte die Stelle bei uns nie angetreten, wenn nicht meine Sammlung von Heiligen sie für uns eingenommen hätte: von der Mutter Teresa bis zum heiligen Nikolaus, Heilige für jede Gelegenheit, die heilige Rita beschützt die Wurstverkäufer, hilft bei Blattern und bei verzweifelten und aussichtslosen Fällen, die heilige Luzia ist bei Kurzsichtigkeit nützlich und der heilige Sebastian bei Pest, und dann gibt es noch die Madonnen im Lichterkranz, und die Seelen im Fegefeuer, das sind kleine Büsten von Bischöfen und Teufeln und Greisinnen, die von roten Flammen umlodert werden, und mittendrin steht eine kleine goldene Mao-Büste, die von Donatella ebenso liebevoll abgestaubt wird wie der heilige Pankratius, einer der Eisheiligen, zuständig bei Meineid und falschem Zeugnis, Krämpfen und Kopfschmerzen.

Als Donatella in unser Leben trat, befanden wir uns kurz vor dem Untergang. Ihre Vorgängerin Raffaela war, kurz nachdem ich ihr einen roten Samtbody geschenkt hatte, schwanger geworden. Nach vier Wochen putzfrauenlosen Lebens hatten der Italiener und ich unsere Würde verloren. Wir bewegten uns in der Wohnung wie in einem Museum: voller Angst, auch nur ein Kissen zu zerdrücken, Fingerabdrücke zu hinterlassen, ein Wasserglas zu beschmutzen. Dann kam Donatella. Blond und engelsgleich und erlöste uns.

Das Glück hat seinen Preis. Donatellas Herrschaft beginnt um Viertel vor acht. Nie würden wir wagen, im Morgenmantel unter ihre Augen zu treten. Wir wachen nicht mehr auf, wir schrecken auf. Blicken atemlos auf die Uhr, horchen auf den sich im Schloss drehenden Schlüssel und fragen uns, was für ein Tag ist. Wieso kommt sie denn heute? War sie nicht erst gestern da? Ist heute nicht Dienstag? Oder kommt sie in dieser Woche etwa drei Tage hintereinander?

Jeder Widerstand ist zwecklos, Einsprüche sinnlos. Einmal gab der Italiener an meiner Seite während meiner Abwesenheit zu bedenken, dass es unnötig sei, das Bett neu zu beziehen, weil es erst vor zwei Tagen neu bezogen worden war. Donatella entgegnete nur: Schweigen Sie! Und der Italiener schwieg.

Wollen Sie so das Haus verlassen?, fuhr sie ihn kürzlich an. Weshalb?, fragte er, einen Rest von Selbstachtung aufbietend. Haben Sie sich schon mal im Spiegel angeschaut?, zischte Donatella, Ihr Hemd! Da gab der Italiener zu, heimlich das Hemd vom Vortag angezogen zu haben. Reumütig kehrte er zurück, um es wieder auszuziehen. Aber auch mich kontrolliert sie unnachgiebig. Kommen Sie mal kurz her, sagt sie, und schon fährt sie mir wie einem Kind mit der Kleiderbürste über die Schultern. Und wenn ich auf Reisen bin, dann betet sie für mich und behält den Italiener im Auge.

Den Verkäuferinnen kommt auf dem Markusplatz unweit des Campanile eine weißhaarige Dame entgegen, die ich einmal nachts auf dem Campo San Giacomo dell'Orio Tango tanzen sah. Ich sah sie bei einer Linksdrehung, als sie sich den Armen eines Mannes scheinbar hingab und gleichzeitig über ihn hinwegblickte und mit den Füßen kleine Kreise auf den Boden zeichnete. Auch jetzt scheinen ihre Füße das Pflaster nur flüchtig zu berühren, als seien sie sofort bereit, einer Aufforderung zum Tanz nachzugeben. Die weißhaarige Dame trägt türkisfarbene Schuhe und große türkisfarbene Ohrringe. Ohrringe, die wie ein Widerwort anmuten, ein Widerwort an all jene, die jung sind und das In-Würde-alt-Werden preisen. Ohrringe, die mich an Gina Lollobrigida erinnern.

La Lollo. Als ich sie traf, war sie, wie man in Italien sagt, eine Dame eines gewissen Alters. In Deutschland würde man sagen: Sie war über siebzig. Sie trug einen fliederfarbenen Nerz und einen sonnengebräunten Begleiter am Arm. Sie schritt nicht, sie schwebte. Auf Zehnzentimeterabsätzen. Der Begleiter trug ihren Schminkkoffer aus Krokodilleder. Er trug ihn am ausgestreckten Arm vor sich wie eine Hostiendose.

Das Restaurant in Rom, in dem wir uns zum Interview trafen, war Ginas Wahl gewesen. Ein brasilianisches Restaurant, das sich auf Fleischgerichte spezialisiert hatte. Als Gina Lollobrigida durch die Räume stöckelte, verschluckten sich die Gäste an ihrem Rindfleisch, und Gina schenkte ihnen im Vorbeigehen ein kleines verächtliches Lächeln. Das Restaurant erinnerte an ein Gemälde von Gustav Klimt, mit goldenen Kolibris vor lila Hibiskusblüten, grün schimmernden Bronze-Epheben und opalisierenden Jugendstil-Glasmosaiken, mit Gerbera-Buketts in Gelb und Rosé. Ginas Lippen waren lachsrosa, ihre Fingernägel schimmerten wie Perlmutt. Ihre Ohrringe waren türkisfarben. Sie trug einen engen schwarzen Paillettenrock, ein schillerndes Perlenbustier in Schwarz, Fuchsia, Gold und Silber. Um ihre Schultern loderte eine purpurrosa Seidenstola. Und dann sagte der Fotograf, dass er die Absicht habe, sie in Schwarz-Weiß zu fotografieren.

Plötzlich war es ganz still im Restaurant. Ginas Gesicht verdüsterte sich wie der Himmel bei einer Sonnenfinsternis. Zorn brach aus ihr heraus wie ein bengalisches Feuer, Blitze schlugen aus ihren Augen, und über dem Fotografen ging ein Funkenregen nieder. Ihre Empörung zog über uns hinweg wie ein Sturm, der Bäume entwurzelt hätte. Schwarz-weiß! Sie sei Künstlerin! Und Fotografin! Dass sie überhaupt zugestimmt habe, sich fotografieren zu lassen, sei bereits ein Zugeständnis gewesen! Und dann kämen wir mit banalem Schwarz-Weiß daher! Sie wollte auf ihren Zehnzentimeterabsätzen wieder kehrtmachen. Ihr Begleiter hielt den Krokokoffer bereits in der Hand.

Hilflos suchten der Fotograf und ich nach Auswegen. Farbfotos waren ausgeschlossen, unsere Abreise ohne die Fotos ebenfalls. Also schlugen wir vor, ihr die Aufnahmen vor der Veröffentlichung vorzulegen. Und sie zu vernichten, falls sie ihr nicht gefielen. Ohne große Überzeugung gab Gina nach. Schließlich habe die Vorbereitung unseres Treffens sie bereits so viel Zeit gekostet, kostbare

Lebenszeit, die sie für das Anziehen, Schminken, Frisieren und die Fahrt von der Via Appia durch das römische Verkehrschaos vergeudet hätte. Als ihre Wut nur noch wenig glühte, versuchte ich, etwas Belangloses zu sagen, freundlich Konversation zu treiben, ein unverfängliches Thema zu finden, das weder mit Fotografie noch mit Schwarz-Weiß zu tun hätte, um sie zu zerstreuen, bis der Fotograf endlich die Blitzlichtanlage aufgestellt hätte. Ich begann, mit Gina Lollobrigida über das Wetter zu sprechen, über den ungewöhnlich verregneten Sommer und die Zumutungen des Straßenverkehrs, und dann hörte ich mich sagen: Ihr Sohn ist übrigens in demselben Jahr geboren wie ich.

Ich bereute den Satz, noch bevor er verklungen war. Hatte ich etwa den Verstand verloren? Wozu lebte ich seit Jahren in Italien? War ich übergeschnappt? Hatte ich mir nicht gerade erst gesagt: Von der Italienerin lernen heißt siegen lernen? Hatte ich nicht festgestellt: Italien ist eine Arena, durch die Tigerinnen laufen, Löwinnen, Leopardinnen? Tigerinnen, die ihre Gefährlichkeit nicht durch dunkelblaue Businesskostüme zu tarnen versuchen, sondern die sie auf hohen Absätzen über die Gänge balancieren? Lauernd und furchtlos? Leopardinnen, die scheinbar unbeteiligt durch Gerichtssäle tänzeln und über die Flure des Parlaments? Hatte ich nicht gerade erst gesagt: Eine Italienerin mag Gemüsehändlerin, Fraktionschefin, Bürgermeisterin oder Mafiosa sein, vielleicht auch Mutter oder Großmutter – vor allem aber ist sie Frau? Und verflucht seien flache Absätze, graue Haare, kurz geschnittene Fingernägel, Geburtsurkunden und überhaupt alles, was danach trachtet, ihr die Weiblichkeit zu rauben? Und dann sagte ich: Ihr Sohn ist in demselben Jahr geboren wie ich. War ich verrückt geworden?

Ich lächelte Gina an. Und versuchte vergeblich, den Satz zu verscheuchen wie eine lästige Fliege. Gina schwieg. Und betrachtete mich. So wie ein Krokodil ein Hühnchen betrachtet, nach dem zu schnappen die Mühe nicht lohnt. Dann lächelte sie. Paillettenfunkelnd. Und sagte genüsslich: Ach, so jung sind Sie?

Als ich dem Italiener an meiner Seite davon berichtete, sah er mich an, als stünde er neben einer Person, die es normal findet, im Nachthemd die Straße zu überqueren. Es war morgens, und der Italiener hatte es eilig, denn er wollte sich die Haare schneiden lassen, bei dem Friseur seines Vertrauens, der einen Friseursalon in der Calle degli Assassini führt. Im Schaufenster liegen ein alter Fön und verstaubte Pokale von Meisterschaften des Jahres 1965, und der Friseur ist nur bis zehn nüchtern, danach kann er die Schere nicht mehr halten. Der Friseur drückt das allerdings poetischer aus, er sagt, dass alles nur an seinem Nachtmund liege. Morgens habe er immer einen so schlechten Geschmack im Mund. Den müsse er mit einem *Spritz* vertreiben.

Während der Italiener nach seiner Jacke griff, schüttelte er ratlos den Kopf. Da hatte er jahrelang versucht, mir das Wesen der Italienerin nahe zu bringen, er hatte mir Einsichten verraten, mit denen er sich und seinen Geschlechtsgenossen schadete, etwa die Tatsache, dass die

Italienerin keine Sekunde an die Überlegenheit des Mannes geglaubt habe, und dass der italienische Mann nur so lange *bella figura* mache, wie seine Frau das zulasse, dass die Italienerinnen nicht totzukriegen seien und großherzig nach innen und mitleidslos nach außen herrschten, all dies habe er mir anvertraut, im Vertrauen darauf, dass ich dieses Wissen nicht gegen ihn verwände. Jetzt aber sei mir ein Anfängerfehler unterlaufen. Das Alter sei für eine Italienerin etwas wie eine unheilbare Krankheit, über die man nicht spreche. Er wundere sich vielmehr darüber, warum Gina Lollobrigida mich für diesen Fauxpas nicht gesteinigt hätte. Die Großmutter seines Freundes Federico hätte zeitlebens ihren Personalausweis im Tresor aufbewahrt – dessen Zahlenkombination nur sie gekannt habe.

Und erst gestern Abend hätte ich überdies eine außergewöhnliche, fast historische Gelegenheit verpasst, eine weitere Einsicht in das Wesen der italienischen Frau zu gewinnen, sagte er, als sich in einer Talkshow auf *Rai Uno* zwei Politikerinnen geprügelt hätten. Die eine sei Abgeordnete der Faschisten gewesen und die andere Kommunistin und Ministerin für Gleichstellung, wobei die Abgeordnete der Faschisten der Ministerin für Gleichstellung erst vor das Schienbein getreten und ihr dann an den Haaren gezogen habe. Die Ministerin für Gleichstellung habe erst mit ihrem Mikrofon geworfen und dann der Faschistin einen Faustschlag versetzt, und erst dem ebenfalls anwesenden Kulturstaatssekretär, der zuvor bekannt hatte, des Öfteren von Frauen sexuell belästigt worden zu sein, sei es gelungen, die beiden Damen voneinander zu trennen. Und heute Morgen habe der Italiener im Radio gehört, dass die Ministerin für Gleichstellung in ihrer Freizeit Kampfsport betreibe. Und weil ich die Talkshow fälschlicherweise für einen Actionfilm gehalten hatte und eingeschlafen war, passierten mir solche Ausrutscher.

Nicht alle Italienerinnen sind wie Gina Lollobrigida, sagte ich.

Sicher nicht, sagte er. Vielleicht sind zwei, drei anders.

Wenige Tage nach dem Interview traf ich meine Freundin Fiorenza. Als ich ihr von Gina Lollobrigidas Bemerkung erzählte, glitt ein kleines anerkennendes Lächeln über ihr Gesicht. Nicht, dass sie der Lollobrigida besonders viel Wertschätzung entgegenbrächte, sie zollte nur ihrer Schlagfertigkeit Tribut. Um sich dann umgehend mit mir gegen Gina Lollobrigida zu solidarisieren: Wofür hält die sich eigentlich? Deine Feindin ist auch meine Feindin.

Fiorenza ist Ehefrau eines Polizeikommandanten, Mutter von zwei erwachsenen Kindern und regelmäßige Kirchgängerin. Sie stammt aus Apulien und stellt als Süditalienerin das höchste Konzentrat italienischer Weiblichkeit dar – sie herrscht über ihren Sohn, ihre Tochter und ihren Mann, den Kommandanten. Ganz im napoleonischen Sinne: Ich habe die Weltmacht gewollt, und wer hätte sie nicht gewollt an meiner Stelle? Die Welt berief mich zur Macht! Frauen, die wie manche Norditalienerinnen von einer Ehe als Partnerschaft träumen und am Ende dem Mann überlassen, wichtige Entscheidungen zu treffen, sind in Fiorenzas

Augen bereits etwas verweichlicht. Partnerschaft! Ist die Ehe etwa eine Straßenverkehrsübung? Wobei ihr beim Thema Straßenverkehr immer eine merkwürdige Schweizer Volkssitte einfällt: Männer, die sich ihre Ehefrauen zum Einparken mitbringen. Sie habe das mit eigenen Augen gesehen, als sie noch in der Lombardei wohnte und von dort aus häufiger in die Schweiz gefahren sei. Egal, ob es gestürmt oder geschneit habe, die Schweizerinnen seien ausgestiegen und hätten ihre Männer beim Einparken eingewiesen, ob das in Deutschland ebenfalls üblich sei? Eine Italienerin jedenfalls bleibe sitzen. Das Einparken könne schließlich nicht auch noch ihr Problem sein.

Fiorenza und ich treffen uns fast jeden Morgen zum Espresso in der Bar unseres Vertrauens, unweit der Rialtobrücke. Der Barmann weiß, dass wir den *caffè macchiato* nur lieben, wenn er ganz leicht mit Milchschaum befleckt ist, und dass Fiorenza ihn in der kleinen Tasse mag, während ich ihn in der großen Tasse bevorzuge, anders als meine Freundin Marisa, die den Kaffee nur trinken kann, wenn ihr dazu etwas kalte Milch in einem Kännchen serviert wird, ganz zu schweigen von meiner Freundin Angela, die zum Kaffee in der großen Tasse nach warmer, aber auf keinen Fall aufgeschäumter Milch verlangt. Und wenn es geschieht, dass wir alle zusammen unseren Kaffee in der Bar trinken, Marisa und Angela und Fiorenza und ich – kleine Tasse, große Tasse, kalte Milch im Kännchen für die eine, heiße für die andere, ganz, ganz leicht mit Milchschaum befleckt für die anderen beiden –, dann wird der Barmann nicht verrückt, sondern sagt, dass wir jeden Tag schöner würden. Woraufhin Fiorenza ihn fragt, ob er damit etwa andeuten wollte, dass wir am Tag zuvor nicht schön gewesen wären, und falls dem so sei, dann sei er verflucht bis ans Ende seiner Tage.

Ich lernte die Frau des Kommandanten auf der venezianischen Hauptpost an der Rialtobrücke kennen. Scheinbar unbeteiligt näherte sie sich der Warteschlange. Sie stellte sich nicht an, sondern schätzte zunächst ihre Konkurrenz ein, die anderen Wartenden. In der Schlange standen Amerikanerinnen, aus der Sicht einer Italienerin so etwas wie ein Aufsteller aus Pappe, der auf den Erwerb von Sondermarken aufmerksam macht, weshalb Fiorenza ihr Recht, sich vorzudrängeln, ausübte, ohne die Amerikanerinnen auch nur eines Blickes zu würdigen. Die vor den Amerikanerinnen stehenden Männer lächelte sie kurz und gewinnend an, dann wand sie sich wie eine Natter an allen Wartenden vorbei und tat so, als wollte sie sich nur kurz ein Einschreibeformular reichen lassen, um bei dieser Gelegenheit, *mi scusi!*, auch noch schnell ihre Telefonrechnung, ihre Autoversicherung und ihre Gasrechnung zu bezahlen. Widerstand schlug ihr nur von der einzigen in der Schlange stehenden Italienerin entgegen. Vorwurfsvoll zischend forderte diese Fiorenza auf, sich anzustellen. Fiorenza blickte erst verwundert, dann beleidigt wie eine Schildkröte, der man auf die Nase getippt hat. Und stellte sich hinter mir an. So kamen wir ins Gespräch. Wir beklagten uns über die katastrophalen Zustände der italienischen Post. *Solo in Italia!* Das verbindet sofort.

Wer jemals Zeuge jener Kunstfertigkeit wurde, mit der es eine Italienerin beliebigen Alters schafft, sich in einer Warteschlange vorzudrängeln, weiß: Diese Frauen sind zu allem fähig. Nicht von ungefähr war die italienische Frauenbewegung die schlagkräftigste der Welt. Die Frau des Kommandanten würde mit mir auch eine Bank überfallen, wenn es notwendig wäre. Zu unserer Freundschaft gehört eine gewisse Bedingungslosigkeit. Fiorenza liebt mich mitsamt meinen Makeln – etwa meinen weiteren Freundinnen –, und dies selbst dann, wenn diese nicht geschminkt sind, was die Frau des Kommandanten auf eine harte Geduldsprobe stellt.

Nie aber würde Fiorenza ein schlechtes Wort verlieren, nie. Sie erkundigt sich nur diskret – sag mal, die Freundin, die dich neulich besucht hat, also im Beruf ist sie sicher unschlagbar und als Mensch auch ganz wunderbar und sympathisch, aber warum schminkt sie sich nicht die Lippen, warum tuscht sie sich nicht die Wimpern. Aus gesundheitlichen Gründen?

Ich habe einmal versucht, Fiorenza klar zu machen, dass sich dahinter die Ich-will-für-das-wahrgenommen-werden-was-ich-bin-und-nicht-für-das-was-ich-scheine-Überzeugung verbergen könne. Sie blickte mich ungläubig an. Und warum sollte man nicht das sein, was man scheint? Ich murmelte etwas von Künstlichkeit, derer eine Frau zumindest in Deutschland allzu leicht bezichtigt würde, ja, dass bereits durch den Gebrauch von Lippenstift ein Verlust von Authentizität drohe, weil eine Frau so ihrer Natürlichkeit entsage und sich ausschließlich und leichtfertig auf ihr Geschlecht reduzieren ließe, und wenn sie ihre Weiblichkeit in den Vordergrund stelle, dann degradiere sie sich damit zum Objekt, zum Weibchen, was insbesondere beruflich sehr von Nachteil sein könne. Das sagte ich. Und die Frau des Kommandanten sagte: Scheißdreck.

Und das kam aus dem tiefsten Grund ihres Herzens, obwohl sie sonst keine Schimpfwörter benutzt, ich habe sie nie *vaffanculo* sagen gehört.

Haben die deutschen Männer etwa geschafft, das den Frauen einzureden?, fragte sie. Bestürzt schüttelte sie den Kopf und sagte: Dabei gibt es doch nichts Schöneres auf der Welt, als eine Frau zu sein!

Und deshalb beklagt Fiorenza auch nicht, was ihr fehlt, sondern preist, was sie hat. Etwa einen Mund, um den sie Gina Lollobrigida beneiden würde. Weiche, volle Lippen, ein perfekter Amorbogen. Wenn sie vor dir steht, siehst du nichts als diesen Mund. Nie würde Fiorenza sagen: Meine Waden sind zu dick, mein Hintern zu flach, meine Brust zu groß. *E allora*, sonst noch was? Schließlich befinden wir uns nicht umsonst in dem Land der Marienverehrung. Frauen sind hier Ikonen. Und für eine Ikone ist ein fliederfarbener Schal kein fliederfarbener Schal, sondern das Attribut einer Himmelskönigin, besonders, wenn sie dazu fliederfarbene Stilettos trägt. Ein Dekolleté ist kein Geburtsmakel, den es zu verhüllen gilt, sondern eine Offenbarung. Und die Bequemlichkeit ist für eine Madonna kein Argument. Wie, du kannst auf hohen Absätzen nicht laufen? Aber wer hat denn von Laufen gesprochen?

Nach unserem üblichen gemeinsamen Espresso gingen Fiorenza und ich zu La Perla. Ein Blick in das neue Sortiment gehört zu unserem morgendlichen Rundgang dazu. Überdies kaufe ich Unterwäsche nur mit der Frau des Kommandanten. Als Süditalienerin ist sie kompetent im Verhüllen und Verheißen, im Andeuten, Weglassen, Vorenthalten und Hinzufügen, kurz, in Sachen Büstenhalter, Bustiers und Slips. Wobei die Slips nicht Slips, sondern *culotte* oder *perizoma* heißen. Letztere lehnt die Frau des Kommandanten ab, weil *perizoma* wie ein brasilianisches Flussdelta voller Kopfjäger klingt. Auf Deutsch heißt *perizoma* Lendenschurz, was die Sache auch nicht besser macht. Ich missbillige *culottes*. Denn bei dem Wort *culotte* muss ich immer erst an den Hintern eines Lipizzaners der spanischen Hofreitschule denken und dann an Hüfthalter. Außerdem gibt es noch *la brasiliana*, das ist ein gemäßigtes *perizoma* und sitzt meiner Meinung nach besser, was die Frau des Kommandanten hingegen bezweifelt, nur bei den *culottes* ist unsere Ablehnung einmütig.

Kaum hatten wir den Laden betreten, sagten wir möglichst unbeteiligt: Wir möchten uns nur mal umschauen. Fiorenza lächelt kaum, wenn sie ein Geschäft betritt. Ihr Lächeln sitzt tief in den Mundwinkeln verborgen, schließlich sind wir nicht hier, um uns anzubiedern, sondern um einzukaufen, und da müssen die Herrschaftsverhältnisse klar sein.

Aus den Augenwinkeln prüften wir, welche Verkäuferin sich näherte: Die aschblonde Gemeindeschwester, die unermüdlich Kartons hervorzieht und die meiner Meinung nach lesbisch ist, was die Frau des Kommandanten bestreitet, oder das schwarze Ungeheuer? Beim schwarzen Ungeheuer ist der Einkauf schnell beendet, weil sie nie die passende Größe, Farbe, Länge vorrätig hat, was sie mit dem gleichen Genuss kundtut, mit dem einst eine sowjetische Wurstverkäuferin den Ausverkauf der Salami bekannt gab.

An diesem Morgen aber hatten wir Glück, die Gemeindeschwester bediente uns, und so probierten wir dreißig verschiedene BHs an, wir zurrten hier und hoben dort, verglichen das Ergebnis eines *balconcino*, welcher die Brust mehr exponiert als der Schnitt *all'americana*, der die Brust eher seitlich stützt – und dann geschah es, dass die Gemeindeschwester den Vorhang der Umkleidekabine mit einem Ruck zuzog, zischte: Da ist ein Mann!, und es klang wie: Bisamratten!

Der Mann war Amerikaner. Er setzte sich breitbeinig vor die Umkleidekabine, blickte trüb und versuchte zu telefonieren, während seine Frau einen Büstenhalter aussuchte. Als seine Frau in der Umkleidekabine verschwunden war, begann er auf Englisch die verschiedenen Formen der Büstenhalter und die Oberweite seiner Frau mit der Verkäuferin zu diskutieren – zum Befremden der Frau des Kommandanten.

Ein Italiener käme nie auf die Idee, einen Unterwäscheladen zu betreten, sagte sie. Außer er ist Transvestit. Oder Unterwäschefetischist.

Als ich ihr davon erzählte, dass Männer nicht nur in Amerika, sondern auch in Deutschland Dessous verschenkten, BHs und Mieder und Slips, welche die Männer ganz allein ausgesucht hätten, dass zur Weihnachtszeit ganze Unterwäscheabteilungen in den Kaufhäusern voller Männer steckten, die den Unterschied zwischen Körbchengröße A und B und C zu ertasten versuchten, Männer, die mit den Verkäuferinnen den Vorteil halterloser Strümpfe gegenüber Strumpfhaltern erörtern, da blickte sie mich skeptisch an. Ob demnächst auch italienische Männer bei La Perla auftauchen würden? Letztlich sei neuerdings ja alles möglich, sogar ein deutscher Papst.

Nein, sagte sie schließlich bestimmt, ich lasse mir meine Dessous nicht von einem Mann aussuchen. Und es klang wie: Sollen wir uns etwa in den Zauberkasten blicken lassen? Uns um unsere Macht bringen? Uns selbst abschaffen?

Ich gab ihr Recht und kaufte sieben *brasiliani* und zwei *balconcini* und fühlte mich sofort wie eine schwebende Jungfrau. Fiorenza hingegen gab alle ihre BHs zurück und sagte, dass sie sich nicht entscheiden könne.

Als ich schließlich mit meiner La-Perla-Tüte nach Hause ging und an mein Dekolleté dachte, fiel mir zwanghaft wieder Gina Lollobrigida ein. Nachdem es dem Fotografen und mir endlich gelungen war, sie schwarz-weiß zu fotografieren, hatte ich noch lange mit ihr Barolo getrunken und Fleischspieße gegessen. Nach sieben Fleischspießen hatte Gina gestanden, sich eigentlich nichts aus Fleisch zu machen. Und aus Männern auch nicht. Obwohl ihre Verehrer so zahlreich waren, dass meine Tonbänder nicht ausreichten. Multimillionär Howard Hughes habe ihr dreizehn Jahre lang vergeblich den Hof gemacht und dann am Ende mit ihrem Exmann Tennis gespielt, wofür sie ihn verachtete,

Orson Welles habe heimlich einen Porträtfilm von ihr gedreht, und François Mitterrand habe ihr das Kreuz der Ehrenlegion verliehen. Aber. Inzwischen ziehe sie Vögel vor, sagte sie. Im Park ihrer Villa an der Via Appia genieße sie die Gesellschaft von siebenhundert Pfauen, Fasanen, Enten und Schwänen. Und manchmal, wenn sie zu Mittag esse, Makkaroni mit Tomatensoße, dann setze sie sich auf die Fensterbank und werfe den Schwänen ein paar Löffel voll Makkaroni hinunter, weil es sehr komisch aussehe, wenn die Schwäne sich mit Tomatensoße bekleckerten.

Das war der Moment, in dem ich beschloss, wagemutig zu werden. Mit welcher Schauspielerin sie am liebsten zusammen gespielt habe?, fragte ich. Gina verstand die Frage nicht. Vergeblich versuchte sie, die glatte Stirn zu runzeln. Was für Frauen? Wo? Es gab keine anderen Frauen neben mir.

Ich will jetzt nicht sagen, dass Gina Lollobrigida und ich am Ende Freundinnen geworden wären. Aber ich muss gestehen, dass sie auf den Schwarz-Weiß-Fotos umwerfend aussah.

10.

Die Nacht ist wie ein schwarzes Tuch über die Piazza gefallen. Die Glocken läuten, und ihr Klang breitet sich aus wie Wellen um einen Stein, der ins Wasser geworfen wurde. Der Glockenschlag bringt das Orchester zum Verstummen, das gerade *Don't cry for me, Argentina* gespielt hat, er scheucht die letzten Tauben auf und erinnert an die Endlichkeit des Lebens. Daran, dass es ein Jenseits gibt. Ein Jenseits von Donauwalzern und Schellenhüten und Taubenfutter. Und einen Feierabend, jedenfalls für Signor Claudio, der nun auf die Uhr blickt. Die Glocken rufen zur Abendmesse, schon sehe ich gebeugte alte Damen, hagere Männer über den Platz laufen, die den Seiteneingang der Markuskirche mit jener Selbstverständlichkeit betreten, die den Venezianern eigen ist. Schließlich betreten sie ihre Hauskirche. Jeden Morgen und jeden Abend lassen sie die Markuskirche wieder zu ihrer wahren Berufung kommen: Seelen retten. Ich überlege, ob ich Signor Claudio um die Rechnung bitten und mich auch in diesen kleinen, privat anmutenden Teil der Markuskirche setzen soll, in der die alltäglichen Messen abgehalten werden. Einfach nur dasitzen, dem Markuslöwen in seine kreisrund halluzinierenden Augen blicken und die Engel dabei beobachten, wie sie kleine schwarze Teufel niederstrecken. Eingetaucht in Rot und Gold einem alten Priester lauschen, dessen Stimme beim Vaterunser zittert. Denn eigentlich warte ich schon zu lange hier. Zu lange dafür, dass der Italiener im Grunde überpünktlich ist. Jedenfalls, wenn es sich darum handelt, irgendwo auf mich zu warten. Wenn ich sage: Ich komme um halb neun, dann schickt er mir um fünf vor halb neun eine SMS: Wo bist du?, worauf ich ihn jedes Mal frage, wo denn seine *italianità* geblieben sei, jene viel gepriesene italienische Leichtigkeit im Umgang mit der Welt, die ihm spätestens nach fünf Minuten des Wartens auf mich völlig abgeht. Es kann nicht sein, dass nun eine Eigentümerversammlung zur Abendunterhaltung wird. Warum rebelliert der Italiener nicht einfach und geht?

Vielleicht sollte ich die Gelegenheit nutzen und mich segnen lassen, anstatt weiter zu warten. Ein Segen kann nie schaden. An Weihnachten sah ich den Erzbischof, den man hier den Patriarchen nennt, mit Mitra und Hirtenstab inmitten von Weihrauch schweben. Er war umgeben von Evangelisten und herrisch blickenden Heiligen: jenes himmlischen Personals in den goldfunkelnden Mosaiken, das tagsüber die Parade der vorbeiziehenden Touristen abnimmt, wobei es einer der Apostel nicht versäumt, die Besucher mit mahnend erhobenem Zeigefinger auf ihre

Flüchtigkeit aufmerksam zu machen. Zum Abschluss der Messe segnete der Patriarch alle, die Venezianer und die Fremden, auch meine Mutter und mich, obwohl meine Mutter nicht wirklich daran glaubt und ich aus der Kirche ausgetreten bin.

Doch dann wird der Klang der Markusglocken leiser, die Wellen verebben, das Orchester beginnt wieder zu spielen, und mir fällt wieder ein, dass ich in der Kirche mein *telefonino* ausstellen müsste. Und dann kommt mir wieder die Geste in den Sinn, jene Geste, mit der er mir in jener Nacht vor siebzehn Jahren die Haare aus dem Gesicht gestrichen hat. Und das Was-wäre-wenn-wir-uns-nicht-getroffen-hätten-Spiel, das uns jedes Mal schaudern lässt und an dessen Ende er immer meine Hamburger Telefonnummer zitiert, wie einen ewigen Beweis seiner Liebe. Schon bin ich wieder versöhnlich gestimmt. Und beschließe, weiter im Florian auf ihn zu warten.

In Italien ermahne ich mich immer zur Nachsicht. Das liegt sicher an der Allgegenwart der Kirche. Die aber oft auch allzu gegenwärtig sein kann. Kurz nachdem ich nach Italien zog, trat ich aus der Kirche aus. Es war eine Entscheidung, die den Italiener beeindruckte. Denn als Venezianer denkt er zutiefst antiklerikal. Schließlich hält sich Venedig nicht nur zugute, den Orient geplündert, sondern auch gegen den Vatikan intrigiert zu haben. Mir war gleich zu Anfang aufgefallen, wie schaudernd der Italiener bereits das Wort »Kirche« aussprach: Ah, die Kirche! Die Kirche! Schon die Einzahl fand ich eigentümlich. Aus Deutschland war ich daran gewöhnt, mehr als eine Kirche zu haben. Die Kirche, Die Kirche!, sagte der Italiener – ohne etwas hinzuzufügen, als spreche ihre alleinige Erwähnung bereits für sich. Die Kirche! Sie sei daran interessiert, den Menschen in Abhängigkeit zu halten! In moralischer Rückständigkeit! In Schwäche, Ignoranz und Hilflosigkeit! In Angst! In Angst vor dem Tod und Angst vor der Sünde! Die Päpste und Kardinäle, die Bischöfe und die Priester, die Madonna und Jesus Christus, alle!

Ich teilte seine Kritik. Schließlich war der Papst hier wie Fidel Castro auf Kuba allgegenwärtig. Und während er im Radio, im Fernsehen, in den Zeitungen die Italiener zu mehr Kindern, weniger Scheidungen, mehr Sport und weniger homöopathischer Medizin ermahnte und sie aufforderte, die Abtreibungspille und die Ehe unter Homosexuellen abzulehnen, nahmen Priester den Mafiosi im Versteck die Beichte ab, was aber niemanden sonderlich erstaunte. Es überraschte auch niemanden, wenn Kardinäle Wahlempfehlungen gaben. Im Gegenteil. Hier pilgerten sogar die Kommunisten zum Papst. In Deutschland hatte ich die katholische Kirche immer wie eine Option betrachtet. Wie eine Art Wohlfahrtsinstitution für die Seele. Hier aber war die Kirche eine Macht. Eine fühlbare Macht.

Mein Kirchenaustritt erfolgte in München, an einem nebligen Januartag. Ich fuhr erst zum Einwohnermeldeamt, dann zum Standesamt. Der Kirchenaustritt kostete mich weniger Zeit als die Verlängerung meines Personalausweises und war mit siebzig Mark Bearbeitungsgebühr vergleichsweise preiswert, wie der Italiener an meiner Seite fand. Jede Kraftfahrzeuganmeldung sei in Italien teurer und umständlicher. Er sah in der Unaufwändigkeit des Kirchenaustritts einen zivilisatorischen Entwicklungsschritt, den er nicht genug rühmen konnte.

Schluss mit der Knechtschaft der Kirche!, sagte der Italiener. Um diesen Fortschritt sollte man die Deutschen wirklich beneiden. Niemals hätte ein Italiener den Mut zu solch einer revolutionären Tat, die Familie würde ihn verstoßen, die Leute auf der Straße würden ihn nicht mehr grüßen. *Ah, la Germania!*, sagte er. In diesem Punkt, das müsse er zugeben, sei Deutschland Italien kulturell eindeutig überlegen.

Und du bist jetzt tatsächlich nicht mehr katholisch?, fragte er am Ende seiner Lobpreisung misstrauisch. Schließlich seien der Kirche alle Tricks zuzutrauen.

Nein, sagte ich. Ich bin jetzt o. B. Ohne Bekenntnis.

Ich musste an meinen Klassenkameraden Arno Schimanski denken, der Einzige in unserer Klasse, der nicht am Religionsunterricht teilnehmen musste, weil er o. B. war. Als Kind empfand ich Mitleid mit ihm. Sein Vater war Kommunist, hieß es.

Nach dem Kirchenaustritt fühlte ich mich zwar mutig und aufrichtig, aber auch schlecht, weil ich an meine tiefgläubigen ostpreußischen und schlesischen Großmütter denken musste, die sich nun vermutlich in ihren Gräbern umdrehten. Italien war schuld daran, dass ich aus der Kirche ausgetreten war.

Und dann war ich an Karfreitag in Sizilien. Die Luft roch

nach Wachs und Knallkörpern, und ich hörte irgendwo in der Ferne Blasmusik, eine Blasmusik, die solch quälend lange Pausen setzte, bis man glaubt, es nicht mehr aushalten zu können. Schwarz gekleidete Frauen liefen auf bloßen Füßen und mit riesigen Kerzen in der Hand hinter einer Bahre her, auf der ein Christus lag, der aussah wie Marcello Mastroianni, als er jung war. Sein Mund war eine Verheißung. Er lag da und hatte die Lippen halb geöffnet, seine Augen waren geschlossen. Bis auf ein weißes Tuch, das um seine schmalen Lenden gewickelt war und notdürftig seine Scham bedeckte, war er nackt. Seine Schultern waren breit und muskulös. Und unter seinem Herzen klebte geronnenes Blut. Die Frauen küssten seinen kalten Mund. Schwarze Spitzenschleier streiften sein Gesicht. Immer wenn die Träger für ein paar Minuten die mit Glühlämpchen besetzte Bahre absetzten, um sich vom Gewicht zu erholen, das tonnenschwer auf ihren Schultern ruhte, drängten sich die Frauen wie Klageweiber um den Toten. Wieder und wieder ließen sie ihre Hände über seine Brust gleiten, pressten verzweifelt ihre Wangen an seine und liebkosten seine Stirn. Sie trauerten um einen Geliebten. Um ein nicht eingelöstes Versprechen. Und spürten nicht, wie das Wachs ihrer Kerzen auf sein Gesicht und auf ihre Füße tropfte. Schon lief ich mit, hinter der Musik her, hinter dem toten Geliebten und der Madonna mit dem wackelnden Heiligenschein, die Blaskapelle spielte *una lacrima sulla tomba di mia madre*. Ich musste hinterherlaufen, Kirchenaustritt hin oder her, Prozessionen machen mich schwach, es ist wie ein Virus, der jederzeit angriffsbereit in mir sitzt, seitdem ich als Kind in der Fronleichnamsprozession Blumen streuen durfte.

Und seither sammle ich Trauermärsche. *Per l'eternità. Calde lacrime. Madre Pietà.* Ich laufe den Blaskapellen mit dem Mikrophon hinterher und nehme sie auf. Ich habe bereits Stunden, ja Tage von Trauermärschen aufgenommen. Und jedes Mal, wenn ich bei einer Prozession mitgehe und sie aufnehme, dann glaube ich dazuzugehören, zu den Honoratioren der Stadt, die vorneweg die Prozession anführen, zum Bürgermeister mit der Schärpe, zum Carabiniere-Kommandanten, zum Feuerwehrchef, zu den am Straßenrand stehenden Ehefrauen in ihren gepanzerten Kostümen, zu den Posaunen, in denen sich der Himmel spiegelt, und wenn am Ende der Prozession geweint wird, dann weine ich mit.

Der Italiener an meiner Seite sagt: Gott sei Dank bist du aus der Kirche ausgetreten. Und ich sage: Ich bin nicht aus der katholischen Kirche ausgetreten, sondern aus der katholischen Steuergemeinschaft.

In Venedig bin ich unterversorgt, was Trauermärsche und Blasmusik betrifft. Dafür lässt es sich hier sehr schön über schwimmende Brücken pilgern, im Juli zur Redentorekirche auf der Giudecca und im November zur Schwarzen Madonna in der Salutekirche. Der Italiener an meiner Seite weigert sich mitzupilgern. Er hält mich für verrückt. Nur ein einziges Mal gelang es mir, ihn zur Schwarzen Madonna mitzuziehen. Schon Tage zuvor waren Stände mit Plastikspielzeug aufgestellt worden, ganze Straßenzüge um die Salutekirche standen voller Verkaufsstände mit gebrannten

Mandeln und Paradiesäpfeln und Zuckerwatte. Es war nebelig und gleichzeitig schwarz von Menschen. Auf dem Vorplatz der Salutekirche wurden Kerzen verkauft, von fingerdünnen bis armdicken, ich kaufte armdicke, eine davon für den Italiener, und dann standen wir mit den Opferkerzen an, zwischen sich bekreuzigenden Venezianern, die sich alle, wie der Italiener an meiner Seite vermutete, nicht nur Glück und Gesundheit wünschten, sondern auch einen Platz in der kommunalen Garage an der Piazzale Roma. Die Helfer des Küsters kamen mit dem Anzünden kaum nach. Der Italiener an meiner Seite betrachtete alles mit dem kühlen Blick eines Theaterkritikers. Die marmornen Säulen der Kirche, die mit rotem Samt verhüllt waren, die roten Lampen mit dem ewigen Licht, die Riesenvoluten und die Heiligenstatuen: eine großartige Inszenierung.

Ich reichte meine brennenden Kerzen dem Helfer des Küsters, dessen blaugrauer Kittel bereits über und über mit Wachs befleckt war. Der Helfer stellte sie in den Halter eines der gewaltigen Opferkerzentische, die eigens für diesen Anlass aufgestellt worden waren. Kaum aber wendeten wir dem Helfer den Rücken zu, um den Pilgerweg zum Altar der Schwarzen Madonna fortzusetzen, da löschte er die Kerzen schon wieder, legte sie in einen bereitstehenden Karton und ersetzte sie durch die Kerzen eines weiteren Gläubigen.

Ich hatte kaum Zeit, mir etwas zu wünschen, sagte ich empört, was der Italiener sogleich für eine Kirchenkritik hielt und davon sprach, wie man sich in Venedig erzählte, dass ein Priester von der Salutekirche vor kurzem eine Signora auf ihrem Totenbett besucht habe, eine Signora, die auf dem Campo Santa Maria del Giglio gewohnt und diverse Palazzi ihr Eigen genannt habe, und dass diese Palazzi heute alle der Kirche gehörten. Wer die Seelen habe, der habe auch die Macht. Der Mensch sei schwach und hoffe auf Erlösung, die einen durch die Kirche und die anderen durch den Kommunismus, und neuerdings ginge ja auch das zusammen, wofür ich im Übrigen das beste Beispiel sei.

Seitdem ich ihm davon erzählt habe, dass ich Soziologie studiert und sowohl die *Einführung in die Hauptströme des Marxismus* als auch den Grundkurs *Theorie des Klassenbegriffs und der proletarischen Klasse* absolviert habe, in dessen Verlauf ich unter der Anleitung eines Tutors, der Herr Hering hieß und der sein Leben in einem karierten Flanellhemd verbrachte, eine Gruppenseminararbeit über die *Entwicklung des Eurokommunismus* verfasst habe, hält er mich für kommunistisch infiziert. So wie die Post. Und die Bahn. Und die Alitalia. Und nichts bringt ihn von dieser Überzeugung ab, obwohl ich ihn darauf aufmerksam machte, dass meine kommunistische Gesinnung bereits bei der Gruppenarbeit über den Eurokommunismus auf eine harte Probe gestellt wurde, weil in der Gruppe weniger der Eurokommunismus als die Technik des Hodenbadens diskutiert wurde, die von einigen gerade als Verhütungsmittel entdeckt worden war. Endgültig fiel der Kommunismus jedoch von mir ab, als die Genossen mir klar zu machen versuchten, dass meine brombeerfarben lackierten Fingernägel dem Prozess meiner politischen Bewusstwerdung im Wege stünden. Die Entfesselung des subjektiven Faktors.

Ein guter Kommunist ist nicht geschminkt. Ein guter Kommunist trägt Karohemden oder kleine Strohhütchen und eine Kassenbrille wie Herr Honecker. Ein guter Kommunist will die Welt befreien und sich nicht die Fingernägel lackieren. Was ich als Arbeitertochter eigentlich wissen müsste. Schließlich war mir, anders als meinen bürgerlichen Freunden, die sich damit quälten, ihre bürgerliche Herkunft durch Indientrips, endlose Ferien bei schlechtem Wetter in dänischen Kommunen und dem Verzehr von Vollkornkeksen zu neutralisieren, das Klassenbewusstsein qua Geburt in die Wiege gelegt worden.

Das alles erzählte ich dem Italiener an meiner Seite. *Santo Cielo!*, sagte er dann, was so viel heißt wie: Herr im Himmel!, und was sich mehr auf das Hodenbaden als auf meine politische Haltung bezog. Dann fügte er noch ein *Disgraziata!* an, Unglückselige!, denn auch wenn der Italiener an meiner Seite kirchenfeindlich eingestellt ist, so begleitet ihn der Herrgott doch durch den ganzen Tag. Der Italiener sagt nicht: und so weiter und so fort, er sagt: und-die-Madonna-und-Jesus-Christus! Wenn ihn etwas erstaunt, befremdet oder verblüfft, sagt er nicht: Wahnsinn!, er sagt: Madonna! Er sagt nicht: Jetzt wird das Geheimnis entdeckt, er sagt: Jetzt werden die Altäre enthüllt! Und wenn er einen großen Hund sieht, dann bemerkt er, dass der mehr wiege als ein Christenmensch.

Als wir von der Prozession zur Salutekirche zurückkamen und an der Kirche von Santo Stefano vorbeigingen, an der ein großes Plakat für das Konzert eines venezianischen Streichorchesters warb, da rühmte der Italiener schon wieder den Geschäftssinn der katholischen Kirche. Es gebe in Venedig kaum noch Kirchen, in denen noch dem lieben Gott und nicht vielmehr Vivaldi gehuldigt werde. Konzerthallen statt Gotteshäuser. Oder Museen. Die man nur umsonst betreten darf, wenn man sich als Venezianer ausweist, ganz so, als müsse die Kirche ihren widerspenstigen venezianischen Untertanen eine besondere Gunst erweisen.

Unsere Kirche auf dem Campo San Fantin ist ebenfalls geschlossen und wird nur noch für Konzerte geöffnet. Ich erinnerte an den alten Priester, der in einer fleckigen Soutane den Gottesdienst abhielt, manchmal nur für zwei alte Damen, und seit die Fenice abbrannte, verirrten sich nicht mal mehr Touristen in die Kirche. Es gibt nichts Traurigeres als eine Kirche, in der ein Pfarrer vergeblich auf Gläubige wartet, sagte ich. Und der Italiener stimmte mir zu.

Als wir einmal eine Kirche in Apulien besichtigten, da sah ich, wie er sich bekreuzigte, als wir die Kirche betraten. Er bekreuzigte sich nicht nur, er kritisierte mich sogar dafür, dass ich mich nicht bekreuzigt hatte. Und dass ich meine Finger nicht in das Weihwasserbecken getaucht hatte. Meine Nachlässigkeit verletze die Gefühle der Gläubigen. Er ist eben barmherzig. Auch mir gegenüber. Selbst dann noch, als ich zur Beerdigung des Papstes fuhr.

Bevor ich das Haus verließ, steckte ich das Gebetbuch von meiner Erstkommunion ein, rot, mit Goldschnitt. Donatella gab mir ihren Segen mit und erinnerte sich ergriffen daran, den Heiligen Vater bei seinem Besuch in Pordenone ganz aus der Nähe gesehen zu haben. Der Italiener belächelte mich.

Später in Rom, im Taxi auf dem Weg zum Petersplatz, hatte ich den venezianischen Antiklerikalismus längst abgeschüttelt und war tief bewegt. Ich sah das Foto des Papstes mit Trauerflor im Schaufenster eines Brautladens, zwischen den Badewannen eines Badezimmerausstatters, hinter der Windschutzscheibe des Feuerwehrwagens und auf den Wahlkampfplakaten aller Parteien: *Addio Santo Padre!* Ich hörte, wie ein Journalist im Radio ergriffen davon erzählte, dem Papst die letzte Ehre erwiesen zu haben. Und wie er später dennoch eine gewisse Erleichterung verspürt habe, als er, nach Tagen des Rosenkranzbetens und der Trauerbekundungen, im Fernsehen endlich eine Teppich-Verkaufsshow verfolgen konnte. Und dann tauchte ich unter, im Pilgerstrom an der Via della Conciliazione. Es war zwei Uhr nachmittags.

Im Borgo Pio tauchte ich wieder auf, in einer jener Parallelstraßen der Via della Conciliazione, in die der Pilgerstrom umgeleitet wurde, ein Mann neben mir sagte, dass er gekommen sei, weil er für das Glück danken wollte, dass wir einen Heiligen erleben durften, und schon wurde er fortgespült, und ich blickte vier Nonnen auf den verblichenen dunkelblauen Stoff ihrer Jacken: Suor Speranza, Suor Belice, Suor Almesina und Suor Marilena. Zwei schwarze brasilianische Nonnen und zwei italienische, alle vom Orden der Töchter der Unbefleckten Maria. Gemeinhin genannt: die kleinen Unbefleckten.

Die beiden brasilianischen Nonnen waren jung und wortkarg, dafür waren die italienischen Nonnen umso beredter. Sie sprachen davon, dass es im Moment relativ schnell ginge, mit dem Warten, drei Stunden, von der Via della Conciliazione bis zum Petersdom gerechnet, und ich beschloss, hinter den kleinen Unbefleckten zu bleiben, denn an irgendetwas musste ich mich halten, in jener Flut aus braun gebrannten Römerinnen hinter rosa Yves-Saint-Laurent-Brillen, blutjungen Mönchen und renitenten Greisen. Noch nie in meinem Leben hatte ich mich mit so vielen Menschen auf so engem Raum befunden. Es roch nach Schweiß und Mundgerüchen und nach belegten Salamibrötchen, die ein Pakistani an einer Ecke verkaufte, und die Zivilschutzhelfer warfen uns vom Straßenrand aus Mineralwasser zu, so, als versorgten sie Erdbebenopfer. Die Greise versuchten, die Nonnen und mich von links zu überholen. Was wir jedoch abwehren konnten. Die Nonnen waren so klein, dass sie leicht in der Menge abhanden kamen, aber schon nach wenigen Metern waren wir ein eingespieltes Team. Wir passten aufeinander auf, und wenn eine Nonne etwas abgeschlagen hinter uns lag, dann zogen wir sie nach.

Von Zeit zu Zeit fragten die Nonnen: Was sehen Sie?

Nichts, sagte ich. Vor mir lag eine Unendlichkeit aus Köpfen und Fahnen. Kein Anfang, kein Ende. Ich sah nicht, wohin wir geführt wurden, noch woher wir kamen. Der Pilgerstrom lehrte Demut.

Schwester Marilena war aus Sizilien angereist, nicht nur wegen des Papstes, sondern auch wegen ihres grauen Stars, den sie sich in Rom operieren lassen wollte, und war mit dem Nachtzug aus Catania gekommen, der voller junger

Menschen auf dem Weg zum Papst gewesen sei: junge Menschen, die nun vor uns standen und *Giovanni Paolo* riefen, was klang wie der Schlachtruf eines Fußballclubs. In den Händen hielten sie Gesangbücher, die aussahen wie kleine Revolutionsbibeln, und die Mädchen legten jedes Mal, wenn sie *Emmanuel* sangen, die Hymne der Jugend im Heiligen Jahr, ihre Zahnspangen frei, in denen winzige saphirblaue Steine funkelten. Aus ihren Mündern klangen all ihre frommen Lieder wie Liebeslieder. *Io spero sempre, non lasciarmi mai*. Und Schwester Marilena bemerkte, dass es sich hierbei doch wohl mehr um die Bewunderung für eine Person als um den wahren Glauben handele. Von der selbst sie im Übrigen nicht frei gewesen sei: Einmal habe sie den Papst persönlich getroffen, damals in Castelgandolfo, Anfang der achtziger Jahre. Da sei er noch ein schöner Mann gewesen. Er habe ihr die Hand gedrückt, und da sei sie fast in Ohnmacht gefallen.

Als ich darüber nachdachte, warum mir nie aufgefallen war, dass der Papst ein schöner Mann gewesen war, rief mich der Italiener meiner Wahl an.

Wo bist du?, fragte er.

Ich weiß nicht, sagte ich. Irgendwo in der Nähe des Petersplatzes.

Hast du den Papst schon gesehen?, fragte er.

Ich warte darauf, antwortete ich.

Weißt du, wie lange es noch dauert?

Es heißt, drei Stunden, sagte ich.

Und wenn ich dich nur fünf Minuten warten lasse, dann regst du dich bereits auf, sagte der Italiener.

Du bist auch nicht der Papst, erwiderte ich.

Da waren bereits zwei Stunden vergangen, und wir hatten es noch nicht mal geschafft, in die Via della Conciliazione in Sichtweite des Petersdoms zu gelangen. Aber das konnte ich nicht zugeben. Auch weil sich der Italiener nun in weiteren kirchenfeindlichen Ausführungen verlor, die im Wesentlichen darum kreisten, dass die venezianische Republik die einzige Macht gewesen sei, die ernsthaft den Kampf gegen den Vatikan aufgenommen habe, die venezianische Geschichte sei voll von Beispielen, Venedig habe seine weltliche Gesetzgebung über die kirchliche gestellt und schon vor Jahrhunderten die Kirche gezwungen, Mönche, die Kinder missbraucht hätten, der Justiz der Republik zu überantworten. Die Venezianer würden die Kirche deshalb bis heute noch *la mano morta* nennen, die tote Hand: die Hand, die dich berührt und die danach alles abstreitet. Tote Hand werde die Kirche aber auch wegen jener Priester genannt, die Sterbenden die Letzte Ölung gaben und dabei dafür sorgten, dass die Kirche im Testament als Alleinerbe auftrat: Priester, die den Sterbenden die Hand beim Unterzeichnen des Testaments geführt hätten. Und als am Ende halb Venedig der Kirche gehört habe, da habe die venezianische Republik das Dekret erlassen, dass die Kirche ihre ererbten Palazzi öffentlich verkaufen musste, dies alles seien revolutionäre Gesetze gegen die Allmacht der Kirche gewesen, ein Mut, den heute nicht mal mehr die Kommunisten aufbrächten und den man besonders in diesem Papsttaumel nicht vergessen dürfe. Angesichts meiner virulent ausgebrochenen Frömmigkeit sei er froh, dass ich aus der Kirche ausgetreten sei, nicht auszudenken, wie es jetzt um mich bestellt wäre, wenn ich immer noch katholisch wäre. Sicher läge es an Donatella. Sie habe mich infiziert.

Mein Mann, sagte ich entschuldigend zu den kleinen Unbefleckten, als ich mein Telefon wieder zusammenklappte. Sofort bedauerten sie, dass mein Mann nicht mit mir nach Rom hatte reisen können. Es begann zu dämmern, und wir befanden uns immer noch in einer der Seitenstraßen um den Vatikan herum. Inzwischen war die Batterie von Schwester Marilenas *telefonino* leer, weshalb sie die Äbtissin von meinem Telefon aus anrief und unseren Standort durchgab. Vorerst sei mit der Rückkehr der kleinen Unbefleckten nicht zu rechnen. Wir kamen so langsam voran, dass wir jeden Schritt wie eine Errungenschaft feierten. Wir liefen nicht, wir schoben nur die Füße über das Katzenkopfpflaster, vorbei an endlosen Reihen von Dixi-Toilettenhäuschen. Während die Nonnen Rosenkränze beteten, lernte ich zwei polnische Brüder kennen, die bereits einmal zu Fuß von Danzig bis nach Rom gepilgert und dann vom Papst empfangen worden waren. Meine Frage, ob es nicht an der Zeit wäre, auch Frauen zum Priesteramt zuzulassen, geißelten sie sofort als ideologische Vorstellung aus einer laizistischen Welt, die sich weder mit der Botschaft des Evangeliums noch mit der Auffassung vom Priesteramt vereinbaren lasse. Nach den polnischen Brüdern kam ich mit einem indischen Seminaristen ins Gespräch, Bruder Vincent, der gestand, dass er Marxist gewesen sei, bis er zum wahren Glauben bekehrt wurde, und der mich um meine Telefonnummer bat mit dem Vorschlag, unser theologisches Gespräch später unter vier Augen zu vertiefen.

Bruder Vincent hoffte, dass kein amerikanischer Kardinal zum Papst gewählt werde, weil es den Amerikanern an spiritueller Tiefe mangele. Die kleinen Unbefleckten fanden es pietätlos, sich am Papst-Toto zu beteiligen, solange der alte Papst noch nicht unter der Erde sei. Aber auf alle Fälle sprach sich Schwester Marilena gegen einen Afrikaner aus. Wenn überhaupt ein Schwarzer, dann höchstens ein Brasilianer. Dann wurde die Frage der Einbalsamierung diskutiert. Ohne Frage sei der Heilige Vater behandelt worden, sagte Schwester Marilena. Auch wenn die Zeitungen das Gegenteil behaupteten.

Um acht Uhr abends, nach sechs Stunden des Wartens, waren wir immer noch nicht in der Via della Conciliazione angekommen. Die Äbtissin rief an und hieß mich den Schwestern ausrichten, dass sie mit dem Abendessen nicht auf sie warten könne. Vor uns fiel ein alter Mann in Ohnmacht, und die beiden jungen Polen trugen ihn zu den Sanitätern. Das war der Moment, in dem Schwester Speranza aufzubegehren begann und anfing, für ein Wunder zu beten. Verhalten, gedämpft und hartnäckig sprach sie ihre Bittgebete und unterbrach ihre Zwiesprache erst, als wir endlich in der Via della Conciliazione angelangt waren.

Inzwischen war es zehn, und der Italiener an meiner Seite rief wieder an. Er habe die Bilder von den wartenden Pilgern im Fernsehen gesehen, es sei der pure Wahnsinn, der reinste Rückfall in das Mittelalter, angesichts dieser Bilder sei es kaum zu glauben, dass es die Aufklärung je gegeben hätte. Ob ich es endlich aufgegeben hätte, weiterzuwarten, fragte er.

Auf keinen Fall. Immerhin sehe ich bereits den Petersdom, sagte ich und beschrieb, wie es von den Videoleinwänden loderte, das Rot der Federbüsche der Hellebarden, das Rot der samtenen Überwürfe der Gebetsbänke, das Rot des Papstgewandes, und wie schön die Gebete klangen, die der Lautsprecher in vier verschiedenen Sprachen übertrug.

Und der Italiener sagte: Ich verstehe. Du willst heilig gesprochen werden.

Er machte eine Pause. Und dann bemerkte er, wie erstaunlich er es finde, dass ich nicht den geringsten Versuch machte, der Verführung Widerstand zu leisten. Offenbar habe er seinen Rationalismus sinnlos an mich vergeudet. Wozu habe er mir von dem venezianischen Mönch Paolo Sarpi erzählt, jenem berühmten Papstkritiker, der die Freiheit der weltlichen Regierungen gegenüber der päpstlichen Macht so entschieden verteidigte, dass er vom Papst exkommuniziert, in den Bann gesetzt und am Ende auf der Ponte degli Apostoli erstochen wurde? Der dem Papst ausrichten ließ: Ich bin Sohn Gottes, Diener der Kirche und Bürger der venezianischen Republik? Und das schon vor vierhundert Jahren?

Um Mitternacht rief die Äbtissin wieder an und ließ mich ausrichten, dass sie die Tür des Klosters für die kleinen Unbefleckten unverschlossen gelassen habe. Inzwischen hatten wir es da bis zum Obelisken auf dem Petersplatz geschafft – und waren nichts mehr als willenlose Masse. Eine Masse aus dicht an dicht gepressten, der Ohnmacht nahen Leibern, steifen Beinen, tauben Füßen. Unsere Hoffnung, noch vor der Schließung um zwei Uhr morgens in den Petersdom zu gelangen, verflüchtigte sich von Minute zu Minute.

Ich schaffe es nicht mehr, sagte ich, als mich der Italiener wieder anrief. Wenn sie die Tür vor uns schließen, gebe ich auf.

Willst du etwa kapitulieren?, rief der Italiener nun empört. Was für eine Deutsche bist du denn? Bei der Post hast du auch nicht aufgegeben!

Noch bevor ich etwas entgegnen konnte, wurden wir weiter vorangeschoben. Die Nonnen murmelten lustlos ihre Rosenkränze. Auch Schwester Marilena gab nun ihre Hoffnung auf und flüsterte: Heiliger Vater, bei aller Liebe – wir sehen uns erst im Paradies wieder! Selbst Schwester Speranza war es da leid, weiter für ein Wunder zu beten, ohne das kleinste Anzeichen dafür zu sehen, dass sich etwas tat. Aufgebracht rief sie in den Himmel: Giovanni Paolo, tu endlich etwas!

Wieder rief mich der Italiener an. Er habe lange nachgedacht, sagte er. Und er sei zu der Überzeugung gekommen, dass es einen einzigen Verdienst gebe, den selbst er als Antiklerikalist der katholischen Kirche nicht absprechen könne: die Erotik. Um sie habe sich die Kirche verdient gemacht. Denn was sei Sex ohne Sünde? Gymnastik. Erotik, das ist ein kleines knisterndes Geräusch verbunden mit einem kleinen Schuldgefühl, und dieses kleine Schuldgefühl, jenes Du-darfst-nicht-du-kommst-in-die-Hölle, das habe die katholische Kirche erfunden, Gott sei Dank. Die Kirche sei Meisterin im Verhüllen und Verheißen, im Versprechen und Verführen. So gesehen sei er froh, dass ich keine Protestantin sei.

Habe ich dir eigentlich schon erzählt, dass mir in Palermo einmal ein fremder Mann auf der Straße ins Ohr geflüstert hat: Komm, komm in die Kirche mit mir?, sagte ich zu ihm so leise, dass mich die kleinen Unbefleckten nicht hören konnten.

Unglückselige!, erwiderte der Italiener da. Bist du etwa mit ihm mitgegangen?

Noch bevor ich ihm antworten konnte, hatten mich die Nonnen bereits ergriffen und mit sich fortgezogen. Dies war der Augenblick, in dem das Unfassbare geschah. Das, worauf wir seit zwölf Stunden gewartet hatten. Der Pilgerstrom schnellte so schnell voran, dass Schwester Marilena von uns weggetrieben wurde, wir kämpften uns zu ihr durch, beteuerten, dass wir zueinander gehören, und hielten uns an den Händen fest, bis uns eine neuerliche Welle erfasste und in den Petersdom spülte. Es war zwei Uhr morgens. Und hinter uns wurden die Türen geschlossen.

Überall leuchteten die kleinen blauen Displays der *telefonini*, die zum Fotografieren hochgereckt wurden. Wie betäubt liefen wir an der Bahre von Giovanni Paolo II. vorbei. Niederknien war verboten. Schwester Marilena flüsterte beim Anblick des Papstes: *E brutticello!*, womit sie andeuten wollte, dass Heilige Vater etwas unschön aussehe, was sie aber ganz zärtlich meinte. Allerdings gefielen ihr die Straßenschuhe an seinen Füßen nicht. Schwester Speranza warf dem Papst im Vorbeigehen Kusshände zu und war ansonsten sehr zufrieden. Schließlich hatte das erste Wunder Giovanni Paolos II. uns gegolten.

Ich rief den Italiener an meiner Seite an. Er war noch wach.

Ich habe auch für dich gebetet, sagte ich, und er erwiderte: Um Gottes willen.

Als ich wieder zurück in Venedig war, schenkte ich Donatella einen Rosenkranz in einem Medaillon mit dem Antlitz von Giovanni Paolo II. Und verschwieg ihr, dass der Papst schon am Tag vor der Beerdigung im Preis herabgesetzt worden war.

Dann erzählte ich dem Italiener alles noch mal ganz genau, das Anstehen, den Anblick des Papstes, die Beerdigung, den Einzug der Kardinäle und der Bischöfe, die Farbe des Himmel über dem Petersdom. Ich sagte, dass der Himmel porzellanfarben gewesen sei, als der Papst zu Grabe getragen wurde, und dass ich auf der Pressetribüne auf den Kolonnaden gestanden habe, wo die Fotografen einander bereits mit der Leistung ihrer Objektive zu übertreffen versuchten, die sie hinter den Heiligen positioniert hatten. Ich führte vor, wie eine amerikanische Fernsehjournalistin Dehnungsübungen gemacht hatte, während die Bischöfe mit ihren violetten Scheitelkäppchen und die Popen mit im Wind wehenden Schleiern eingezogen waren, ich beschrieb das Meer aus Purpur und Schwarz, aus golden schimmernden Mitren und violetten Trauerschärpen und hob hervor, dass sich Könige und Prinzen, ja selbst Präsidenten in diesem Meer verloren hätten. Gottes Divisionen. Dass der Wind die Prachtgewänder aufgebläht habe und den Frauen unter ihre schwarzen Schleier gefahren sei. Dass es wunderschön anzusehen gewesen sei, wie sie den Kopf bußfertig geneigt hielten, als sie zur Kommunion gingen.

Ich erzählte, wie es war, als der Sarg am Ende der Zeremonie wieder in den Petersdom getragen und noch einmal gedreht wurde, um ihn den Trauernden zu zeigen, als die Sonne durchbrach, und der Applaus in den Himmel flog, mitsamt der Rufe nach Heiligkeit, und dass drei spanische Journalistinnen und ich die Einzigen auf der gesamten Pressetribüne waren, die applaudiert und geweint hätten. Dass die Totenglocke noch läutete, als der italienische Radiokorrespondent hinter uns bereits seinen Bericht durchgab: alle wichtigen Weltreligionen … zweihundert Staatschefs … große Traurigkeit … bin ich noch auf Sendung?, und als auf dem Platz unter uns das Altartuch bereits eilig zusammengefaltet wurde, die Stühle wieder gestapelt, die Mikrophone abmontiert wurden. Der Papst ist tot, es lebe der Papst.

Basta, sagte der Italiener da. So viel wollte ich nicht wissen, vom Papst.

Donatella hingegen sagte: Man spürt, dass Sie katholisch sind.

Ich dachte an meine Heiligen und an meine Seelen im Fegefeuer. Ich wollte beichten.

Ich bin aber keine praktizierende Katholikin, sagte ich und räusperte mich.

Aber den Glauben, den haben Sie, das spürt man, sagte Donatella, jeden Einwand beiseite wischend. Da können Sie mir sagen, was sie wollen.

Und als die Bildzeitung schrieb: *Wir sind Papst*, da sagte ich zu dem Italiener an meiner Seite: Jetzt bist du in meiner Hand. Seitdem erklärt er mich für verloren.

Inzwischen steht der Mond über den Kuppeln der Markuskirche wie ein Zeichen des Orients. Über den Platz wehen so viele Federn, als hätte eine Kissenschlacht stattgefunden. Halbherzig kratzt ein Straßenkehrer mit seinem Reisigbesen über den Marmor, und die Kaffeehausorchester spielen zum großen abendlichen Finale auf. Einige Paare machen ein paar Walzerschritte und andere singen mit. Das Publikum wird immer zahlreicher, es wogt von Café zu Café, und plötzlich fühle ich mich vergessen.

Ich bitte Signor Claudio um die Rechnung. Nur auf den Papst warte ich zwölf Stunden. Das *telefonino* des Italieners hat immer noch keinen Empfang. So lange ist es eigentlich nie ausgeschaltet. Und dann erkenne ich ihn an seinem Gang. Der Gang des Mannes, dem seine Schritte noch gehören. Er kommt aus der Richtung des Uhrenturmes und überquert die Piazza ohne Hast. Wie immer trägt er eine Hand in der Hosentasche. Er geht beiläufig, keineswegs eilig, keineswegs wie einer, der seit Stunden erwartet wird. Selbst als er mich sieht, beschleunigt er seinen Schritt nicht. Langsam bahnt er sich einen Weg durch die Stuhlreihen. Dann steht er vor meinem Tisch. Und sagt: Ciao, Reski.

Ich wollte gerade in die Kirche gehen, sage ich.

Und er sagt: Man kann dich aber auch keine Minute alleine lassen.